Christiane Kührt

ZACK, FERTIG!

ICH KANN DAS ALLEIN!

46 Leckerschmecker-Rezepte,
die Kinder selbst zubereiten

Küche frei für coole Kids

Hast du schon einmal dein Mittagessen selbst gemacht, einen Salat geschnipselt oder einen Smoothie gemixt? Wenn du das immer deinen Eltern überlässt, verpasst du was. Denn Essen zubereiten ist spannend und macht richtig Spaß. Und du bestimmst, was auf den Teller kommt!

Wir haben für dich über 40 turbo-leckere Rezepte ausgesucht, die du mühelos zubereiten kannst. Das Tolle: Du kannst sie wirklich ganz allein machen, denn alles, was Kochanfängern Probleme machen könnte, haben wir weggelassen. Auch der Herd bleibt dafür aus, denn nichts ist nerviger als Eltern, die dir ständig auf die Finger schauen und Angst haben, dass du dich verbrennen könntest.

Es kann schon sein, dass du für ein Rezept am Anfang ein biss-chen länger brauchst oder es nicht ganz so aussieht wie auf dem Foto. Macht aber nichts – Übung macht den Meister, heißt es doch so schön. Und wenn du dich sicher genug fühlst, kannst du deine Familie oder deine Freunde mal zum Essen einladen. Auch dafür findest du in diesem Buch köstliche Rezepte und jede Menge Tipps.

Such dir am besten gleich ein Lieblingsgericht aus und leg los!

Gutes Gelingen und guten Appetit wünscht dir

Christiane

UNGLAUBLICH!

Auf einen Blick: Abkürzungen und Mengenlehre – einfach ausschneiden und als Lesezeichen benutzen!

Einen zusätzlichen Überblick findest du auf dem Buchinnendeckel hinten.

DAS WILL ICH MACHEN!

DAS SCHAFF ICH

DAS MACH ICH!

SCHMATZ

DAS WILL ICH ALLEIN MACHEN

DAS MACH ICH!

SCHMECKT!

DAS KANN ICH SCHON!

Lesezeichen zum Ausschneiden

DIESE ABKÜRZUNGEN SOLLTEST DU KENNEN:

Prise = Eine Prise ist so viel, wie zwischen Daumen und Zeigefinger passt.

Msp. = Eine **Messerspitze** ist so viel, wie auf die Spitze eines Besteckmessers passt.

EL = Esslöffel

TL = Teelöffel

cm = Zentimeter (1 cm = 10 mm)

mm = Millimeter

l = Liter (1 Liter = 1000 ml)

ml = Milliliter

kg = Kilogramm (1 kg = 1000 g)

g = Gramm

Min. = Minute

usw. = und so weiter

z.B. = zum Beispiel

l = Liter (1000 ml = 1 Liter)

¼ l = 250 ml

½ l = 500 ml

¾ l = 750 ml

1 l = 1000 ml

Ganz ohne Vorbereitung solltest du nicht in die Küche gehen.

Alles, was du unbedingt wissen musst, steht ab Seite 7!

Inhalt

Rezept Nummer

Seitenzahl

Auf geht's zum Abenteuer Essen

Bevor du in der Küche startest, nimm dir etwas Zeit und lies die nächsten Seiten. Dort erfährst du, wie einfach es ist, gesund zu essen, warum gutes Essen beim Einkaufen anfängt und warum Probieren über Studieren geht. Und damit bei der Zubereitung nichts schiefgeht, zeigen wir dir, was du beachten musst, wo in der Küche Gefahren lauern und wie du Obst und Gemüse vorbereitest.

„PROBIEREN GEHT ÜBER STUDIEREN"

Dieses alte Sprichwort stimmt genau! Du kannst in der Schule noch so viel über Lebensmittel und Kochen erfahren und deine Hefteinträge lernen: Erst wenn du selbst Essen zubereitest, verschiedene Gemüse- und Obstsorten, Kräuter und all die anderen Lebensmittel selbst ausprobierst, weißt du, was dir schmeckt und was nicht.

Der Geschmack ändert sich übrigens, je älter du wirst. Trau dich also von Zeit zu Zeit wieder an die Lebensmittel heran, die du jetzt nicht magst.

ABWANDELN MACHT SPASS

Trau dich auch, Rezepte nach eigenem Geschmack abzuwandeln, die Zutaten auszutauschen und immer wieder Neues auszuprobieren. Genau das ist es nämlich, was Spaß macht und warum selbst gemachtes Essen viel interessanter schmeckt als jedes Fertiggericht.

WÜRZEN IST GESCHMACKSSACHE

Probieren ist auch beim Abschmecken von Rezepten wichtig. In den Rezepten steht bei Salz und Pfeffer als Mengenangabe oft 1 bis 2 Prisen. Eine Prise ist die Menge, die etwa zwischen Daumen und Zeigefinger passt, also sehr wenig. So kannst du erst mal sicher sein, dass du das Essen nicht versalzt oder überwürzt. Und dann musst du selbst probieren. Denn: **Würzen ist reine Geschmackssache.** Verwende Salz und Pfeffer, aber auch andere Gewürze und Kräuter, erst mal vorsichtig und probiere zwischendurch. Nachwürzen kannst du immer noch. Mit der Zeit lernst du deine Lieblingsgewürze kennen und bekommst ein Gefühl dafür, wie viel du davon verwenden magst.

GESUND ESSEN – MUSS DAS SEIN?

Zum Wachsen, Toben, Spielen und Lernen braucht dein Körper jede Menge Energie und Nährstoffe aus Lebensmitteln. Wenn du möglichst bunt und abwechslungsreich isst – mit vielen frischen Zutaten –, bekommt dein Körper automatisch alles, was er braucht: Reichlich Obst, Gemüse und Vollkornprodukte, dazu Milchprodukte, Pflanzenöle und ab und zu mal ein Ei oder ein Stück Fleisch oder Fisch ergeben eine gesunde Mischung. Die liefert neben Energie auch jede Menge Vitamine, Mineralstoffe und andere wichtige Inhaltsstoffe.

STERNE VERTEILEN

Damit du später noch weißt, wie gut dir ein Rezept gefallen hat, findest du auf jeder Rezeptseite in diesem Buch Sterne zum Ausmalen.

Je mehr Sterne du nach dem Essen ausmalst, desto leckerer hat dir das Gericht geschmeckt.

SO HAT'S MIR GESCHMECKT:

AM LIEBSTEN SÜSS UND FETTIG?

Knausern solltest du mit Zucker: Er liefert nur „leere" Energie, das heißt, in ihm stecken keine Vitamine, Mineralien und andere gesunde Inhaltsstoffe, die dich fit halten. Wer zwischendurch Süßigkeiten nascht, hat dann beim Mittag- oder Abendessen keinen Appetit mehr und dann fehlen am Ende wichtige Powerstoffe. Und auch mit Fett solltest du sparsam sein: Wer ständig fettige Pommes oder Knabbereien isst, kann dick und auf Dauer krank werden. Fett- und Zuckerbomben sollten deshalb besser nur hin und wieder auf dem Tisch stehen.

Gut essen fängt beim Einkauf an

HERKUNFTSLAND:
DEUTSCHLAND

AM BESTEN SAISONAL UND REGIONAL

Schon das Einkaufen kann spannend sein: An der Gemüsetheke oder auf dem Wochenmarkt erfährst du zum Beispiel, was bei uns und in anderen Ländern gerade wächst – das Herkunftsland steht auf der Verpackung oder auf einem Schild. Vielleicht entdeckst du Obst- und Gemüsesorten, die du noch nicht kennst.

Am besten ist es, wenn du Obst und Gemüse aus deiner Gegend kaufst. Das ist besser fürs Klima, denn Obst und Gemüse müssen nicht so weit transportiert werden. Und ganz frisch schmeckt's einfach besser.

Sogar im Winter, wenn bei uns nichts mehr wächst, kannst du regional einkaufen: Äpfel, Birnen, Möhren oder Weiß- und Rotkohl kommen dann aus den Lagern der Landwirte, und Grünkohl oder Wintersalate wie Feldsalat vertragen sogar Frost.

Damit der Speiseplan in der langen, kalten Jahreszeit auf Dauer nicht zu langweilig wird, kannst du ab und zu Obst und Gemüse aus anderen Ländern kaufen. Auf Seite 130 zeigt dir ein Saisonkalender, was zu welcher Jahreszeit bei uns wächst.

LECKERES MÜSLI

Aus biologischem Anbau

ZUTATEN: Weizenflocken 60%, Zucker, Sonnenblumenöl, Reiscrispies, Kokosraspel.

Kann Spuren von Sesamsamen, Sojabohnen und Schalenfrüchten enthalten. Unter Schutzatmosphäre verpackt.

Mindestens haltbar bis: siehe Boden.

DAS VERRÄT DIE VERPACKUNG

Spiel beim Einkaufen mal Detektiv und nimm die Etiketten unter die Lupe. Schau, woher die Lebensmittel kommen – wie bei Obst und Gemüse sind auch bei allen anderen Produkten solche die beste Wahl, die in deiner Nähe hergestellt wurden.

Ein Blick auf die Zutatenliste zeigt, was drin ist – du wirst staunen, was alles in einem Lebensmittel stecken kann. Die Zutaten stehen in der Reihenfolge auf der Liste, in der sie mengenmäßig enthalten sind. Bei vielen Kinderlebensmitteln steht zum Beispiel Zucker an erster oder zweiter Stelle, das heißt: Eine Hauptzutat ist Zucker!

Die Packung verrät dir unter anderem auch, wie lange ein Lebensmittel mindestens haltbar ist oder ob es sehr schnell verbraucht werden muss, wie du es lagern solltest oder ob es bei der Verwendung etwas zu beachten gibt.

An die Schüsseln, fertig – STOPP!

So ganz ohne Vorwissen und Vorbereitung solltest du dich nicht in die Küche stellen. Hier steht, was du beachten musst.

ALLE ZUTATEN ZU HAUSE?

Prüfe erst einmal, ob du alle Zutaten zu Hause hast, die du für dein Rezept brauchst. Fehlt etwas, besprich mit deinen Eltern, ob du diese Lebensmittel vielleicht durch andere ersetzen kannst. Wenn nicht, musst du erst einmal einkaufen gehen. Scheib dir immer einen Einkaufszettel, damit du nichts vergisst.

KÜCHENHELFER KENNENLERNEN

Lass dir von deinen Eltern die Küchenausstattung erklären. Zum Beispiel, welche Siebe und Schüsseln du für welche Zutaten benutzen kannst, welche Schneidebretter rutschfest sind und welche Messer, Sparschäler oder Gemüsehobel du verwenden kannst.

SICHERHEIT IN DER KÜCHE

Besprich mit deinen Eltern, wo in der Küche Cefahren lauern. Lies dir dafür auch die Hinweise auf Seite 8 und 9 durch.

HELFEN LASSEN

Frage deine Eltern oder einen anderen Erwachsenen, wenn du nicht weiterweißt.

WIRKLICH WICHTIG: SAUBERKEIT

Ob Hände, Arbeitsfläche, Schüsseln oder Besteck: Beim Kochen ist Sauberkeit oberstes Gebot. Denn auf schmutzigen Sachen bilden sich Keime und wenn die in den Darm kommen, kannst du davon krank werden.

VORBEREITUNG – DAS A UND O

Bevor du anfängst, liest du am besten das Rezept einmal ganz durch oder lässt es dir vorlesen. Dann machst du die Arbeitsfläche frei und stellst alles bereit, was du für das Rezept brauchst. Was du grammweise benötigst, wiegst du am besten gleich ab.

AUFRÄUMEN GEHÖRT DAZU

Zum Kochen gehört es leider auch, hinterher aufzuräumen. Also nicht vergessen: Geschirr und Küchenhelfer ordentlich und sauber in den Schrank stellen und die Arbeitsflächen sauber machen! Am besten schaust du deinen Eltern ab und zu über die Schultern, damit du weißt, was alles zu tun ist.

Sicher ist sicher – die wichtigsten Küchenregeln

Hier ein paar wichtige Tipps, damit nichts schiefgeht. Lies sie am besten gemeinsam mit deinen Eltern durch.

Achte immer darauf, dass du **sicher stehst.** Ist die Arbeitsfläche zu hoch, nimm einen rutschfesten Hocker oder arbeite am Küchentisch. **Lange Haare** bindest du immer mit einem Haargummi zurück.

Einen **Gemüsehobel** solltest du möglichst **mit einem Restehalter** verwenden, damit du dich nicht schneidest. Falls ihr keinen Restehalter habt, lass dir von einem Erwachsenen helfen.

Lege die Lebensmittel zum Schneiden oder Schälen immer auf ein **rutschfestes Brett.** Habt ihr keines, dann lege einfach ein feuchtes Spül- oder Küchentuch unter.

Mit einem stumpfen **Messer** ist die Verletzungsgefahr viel größer als mit einem scharfen. Nimm vielleicht nicht gleich das längste Kochmesser, aber achte darauf, dass die Klinge nicht zu kurz ist und der Griff gut in deiner Hand liegt. Es gibt für Kinder auch sehr gute Küchenmesser mit Fingerschutz.

Benutze zum Obst- und Gemüseschälen einen **Sparschäler,** der gut in deiner Hand liegt. Halte mit einer Hand das Obst oder Gemüse und ziehe mit der anderen Hand mit dem Sparschäler vorsichtig die Schale ab.

Wenn du einen **Standmixer** benutzt, ist es wichtig, dass er richtig zusammengesetzt ist und der Deckel beim Mixen fest auf dem Behälter sitzt. Lass das immer von einem Erwachsenen überprüfen. Stecke das Kabel erst in die Steckdose, wenn der Mixer richtig zusammengebaut ist, und ziehe das Kabel nach dem Mixen sofort wieder heraus.

Hast du keinen Fingerschutz, dann halte die Zutaten beim Schneiden mit dem **Krallengriff**: Krümm deine Finger zur Handinnenfläche hin und ziehe damit die Fingerkuppen zurück, sodass sie vor der Messerklinge geschützt sind. Jetzt kannst du vorsichtig nah entlang der Finger schneiden, ohne dass du dich verletzt.

GANZ WICHTIG:

Bitte einen Erwachsenen um Hilfe, wenn etwas nicht klappt, du etwas nicht schaffst oder wenn du es dir noch nicht zutraust!

Beachte beim **Benutzen des Toasters**, dass die Oberfläche sehr heiß wird. Warte immer erst einen Moment, wenn das geröstete Brot aus den Schlitzen springt, und fasse es am besten mit einem Topflappen an.

Gemüse und Salat putzen

„Gemüse putzen" heißt: weg mit nicht essbaren Teilen, Schad-stellen wie braunen Flecken oder Druckstellen! Fürs anschließende Schneiden solltest du den Krallengriff verwenden – schau ihn dir vorher auf Seite 9 noch mal an.

MÖHREN

- Möhren auf ein Schneidebrett legen. Erst das Grün, dann die Enden oben und unten abschneiden.

- Möhren mit einem Sparschäler rundherum schä-len. Junge Bio-Möhren musst du nicht schälen.

- Von jeder Möhre erst vorsichtig der Länge nach eine Scheibe abschneiden. Die Möhre auf diese glatte Seite legen, dann rollt sie nicht mehr weg.

- Möhre in die angegebene Form schneiden, zum Beispiel in **dicke** oder **dünne Scheiben**.

- Für **Möhrenstifte** die Möhren in etwa 5 cm große Stücke schneiden. Die Stücke längs in Scheiben und jede Scheibe in Streifen. Die Stifte kannst du auch leicht in **Würfel** schneiden.

TOMATEN

- Tomaten unter fließendem Wasser waschen, dann mit Küchenpapier trocken tupfen (**trockene Früchte lassen sich sicherer schneiden!**).

- Den grünen Stiel mit den Fingern herausdrehen. Dann die Tomate auf ein Schneidebrett legen und den Stielansatz vorsichtig mit einem spitzen Messer keilförmig herausschneiden.

- Die Tomate in die gewünschten Stücke schneiden, zum Beispiel in Hälften oder Viertel.

- Für **Scheiben** kannst du den Stiel nach dem Schneiden herausschneiden.

- Für **Würfel** schneidest du die Tomate erst in Scheiben. Die Scheiben in Streifen, dann in Würfel schneiden.

Benutze für Tomaten immer **ein scharfes Messer**, denn du darfst beim Schneiden keinen großen Druck ausüben, sonst matscht die Tomate und der Saft spritzt heraus.

PAPRIKA

- Die Paprika unter fließendem Wasser waschen, dann mit Küchenpapier trocken tupfen (**trockene Früchte lassen sich sicherer schneiden!**).

- Die Paprika auf ein Schneidebrett legen und mit einem Messer längs halbieren.

Auf der nächsten Seite geht es weiter

...und weiter geht's mit PAPRIKA

- Den Stiel herausschneiden und die Kerne entfernen.

- Die Hälften kurz unter fließendem Wasser abbrausen, um übrige Kerne zu entfernen. Nochmals trocken tupfen.

- Die Hälften schneiden, zum Beispiel in große Stücke oder längs in **Streifen**. Die Streifen kannst du in **Würfel** schneiden.

BLATTSALATE

- Harten Strunk in der Mitte herausschneiden. Die äußeren Blätter (sie sind meist hart, haben Flecken und schmecken nicht besonders) entfernen.

- Salat in die einzelnen Blätter teilen. Das saubere Spülbecken mit kaltem Wasser füllen und die Blätter darin waschen. Für Freilandsalate musst du oft mehrmals frisches Wasser nehmen, bis die Erde entfernt ist.

- Salatblätter in ein Sieb geben und gut abtropfen lassen.

- Die Blätter mit den Fingern in Stücke zupfen, die sich später gut essen lassen. Die Stücke direkt in die Schüssel mit der Salatsoße geben.

- Blätter erst kurz vor dem Essen mit der Soße mischen, damit der Salat schön knackig bleibt.

Obst putzen

Auch frische Früchte müssen geputzt und gewaschen werden. Früchte, die schimmeln, solltest du immer aussortieren. Braune Flecken oder Druckstellen schneidest du einfach weg, schrumpelige Schalen ebenfalls.

ÄPFEL UND BIRNEN

- Früchte unter fließendem warmem Wasser waschen, dann mit Küchenpapier trocken tupfen.

- Früchte auf ein Schneidebrett legen und längs in 4 Teile schneiden. Vergiss, besonders beim Schneiden von harten Äpfeln, den Krallengriff nicht (wie der geht, steht auf Seite 9).

- Aus den Vierteln mit einem spitzen Messer das Kerngehäuse mit dem Stiel und dem Blütenansatz herausschneiden.

- Je nach Rezept die Apfel- und Birnenviertel noch weiter klein schneiden, zum Beispiel in **Spalten** oder in **Würfel**.

Die Früchte nur schälen, wenn du die Schale überhaupt nicht magst (In der Schale stecken viele gesunde Stoffe!). Nimm dafür einen Sparschäler.

STEINOBST

- **Pfirsiche**, **Nektarinen**, **Pflaumen** und **Aprikosen** gründlich unter fließendem Wasser waschen, dann mit Küchenpapier trocken reiben.

- Frucht auf ein Schneidebrett legen. Mit einem Messer einmal rundum bis zum Stein einschneiden.

- Frucht in die Hände nehmen und durch leichtes, gegengleiches Drehen in 2 Hälften teilen.

- Den Stein entfernen.

- Fruchthälften je nach Rezept in Stücke schneiden, zum Beispiel in **Viertel**, **Spalten** oder **Würfel**.

BEEREN VERLESEN

BEEREN

- **Beeren** vor dem Waschen „verlesen": das heißt, die Früchte genau ansehen und schimmelige, faule oder vertrocknete wegwerfen. Auch unreife, grüne Beeren aussortieren.

- Beeren in ein großes Sieb geben und unter fließendem kaltem Wasser vorsichtig abbrausen **(darauf achten, dass sie nicht gequetscht werden!)**. Abtropfen lassen.

- Von **Erdbeeren** die Blätter mit einem kleinen, spitzen Messer kreisförmig herausschneiden oder einfach wegschneiden.

in Stücke teilen

ZITRUSFRÜCHTE

- **Zitrusfrüchte** sind oft mit Mitteln gegen Schädlinge gespritzt, kaufe deshalb am besten Bio-Früchte.

- Früchte mit warmem Wasser waschen. Dann die Hände waschen und die Früchte mit Küchenpapier trocken reiben.

löffeln

- **Mandarinen** einfach mit den Händen schälen und in Stücke teilen.

- **Orangen** auf ein Schneidebrett legen. Oben und unten ein Stück Schale abschneiden. Dann rundum Längsstreifen bis zum Fruchtfleisch in die Schale schneiden. Die Schalenstreifen mit den Händen ablösen und die Frucht in die einzelnen Stücke teilen.

- **Grapefruits** wie die Orangen schälen und teilen oder direkt aus der Frucht löffeln. Die Frucht dafür quer halbieren. Mit einem spitzen Messer die einzelnen Segmente vorsichtig von den Fruchthäutchen schneiden. Die Fruchtstücke mit einem Löffel herauslösen.

Wenn der kleine Hunger kommt

Wusstest du, dass die meisten Menschen Schokolade essen, wenn sie zwischendurch Appetit bekommen? Schokolade ist lecker. Wie alle Süßigkeiten besteht sie hauptsächlich aus Zucker. Der gibt zwar schnell Energie, es fehlen ihm aber Vitamine und andere gesunde Stoffe, die dein Körper ebenfalls braucht. Die Rezepte der nächsten Seiten geben deinem Körper Power und schmecken richtig lecker.

Sommerlicher Obstsalat

Nimm für den Obstsalat reife Früchte, denn nur die sind richtig saftig und aromatisch. Reife Früchte erkennst du meist am intensiven Duft. Steinfrüchte wie Pfirsiche, Nektarinen und Aprikosen dürfen nicht hart sein, sondern sollten leicht nachgeben, wenn du sie sanft drückst.

SO WIRD'S GEMACHT:

1. Die **Melone** auf das Schneidebrett legen. Mit dem Messer von der Rundung ein kleines Stück abschneiden, sodass die Melone sicher steht. Mit dem Löffel die Kerne aus der Melone holen.

2. Mit dem **Kugelausstecher** die Melone ausstechen: Den Ausstecher in das Fruchtfleisch drücken, drehen und so Bällchen formen. Wer keinen Ausstecher hat, nimmt einen Löffel.

3. **Pfirsich**, **Nektarine** und **Aprikose** waschen. Die Früchte einmal rundum bis zum Stein einschneiden. Die Fruchthälften durch Drehen voneinander lösen. Die Steine entfernen. Früchte in Würfel schneiden und in die große Schüssel geben.

4

4. **Heidel-**, **Him-** und **Erdbeeren** abwiegen. Erst die Heidel-beeren in dem Sieb waschen, dann die Himbeeren. Die Erd-beeren waschen, die Blätter entfernen. Große Beeren halbie-ren. Alle Beeren in die große Schüssel geben.

DAS BRAUCHST DU DAFÜR:

- ☐ 1 Schneidebrett
- ☐ 1 Küchenmesser
- ☐ 1 Esslöffel
- ☐ 1 Kugelausstecher
- ☐ 1 große Schüssel
- ☐ 1 Küchenwaage
- ☐ 1 Sieb
- ☐ 1 kleine Schüssel

5. **Limettensaft**, **Holunder-blütensirup** und **Orangensaft** in der kleinen Schüssel ver-rühren. Die **Minze** unter flie-ßendem kaltem Wasser ab-brausen. Die Blätter abzupfen und klein schneiden. Minze unter die Soße rühren.

6. Die Soße über die Früchte gießen. Alles mit dem Löffel mischen. Den **Obstsalat** in die ausgehöhlte Melone füllen.

5

ZUTATEN FÜR 4 PORTIONEN:

- ☐ 1 halbe Cantaloupe-Melone
- ☐ 1 Pfirsich
- ☐ 1 Nektarine
- ☐ 1 Aprikose
- ☐ je 100 g Heidelbeeren, Himbeeren und Erdbeeren

FÜR DIE SOSSE:

- ☐ 4 EL Limettensaft (frisch ge-presst oder aus der Flasche)
- ☐ 4 EL Holunderblütensirup
- ☐ 4 EL Orangensaft
- ☐ 1 Zweig Minze

In ungefähr **40 Minuten** ist der Obstsalat fertig

Was nicht reinpasst, kannst du in der Schüssel servieren und Schälchen dazustellen.

6

SO HAT'S MIR GESCHMECKT:

☆ ☆ ☆ ☆ ☆

Winterlicher Obstsalat

Im Winter wächst bei uns kein Obst – es ist viel zu kalt!
Was für ein Glück, dass wir für einen bunten Obstsalat noch
Früchte aus fernen Ländern kaufen können.

SO WIRD'S GEMACHT:

1. Die **Zitrone** und **1 Mandarine** auf dem Schneidebrett mit dem Messer jeweils in 2 Hälften schneiden. Den Saft mit der Zitruspresse auspressen.

2. Saft mit **Honig** und **Sesam** in die Schüssel geben. Alles mit dem Schneebesen verrühren, bis sich der Honig ganz aufgelöst hat.

3. **Restliche Mandarinen** schälen und in einzelne Spalten teilen. Spalten in kleine Stücke schneiden.

4. Die **Kiwis** mit einem Sparschäler schälen. Dann erst in Scheiben schneiden und die Scheiben dann in kleine Stücke schneiden.

5. Den **Apfel** waschen und der Länge nach in Viertel schneiden, das Kerngehäuse wegschneiden. Die Viertel in Spalten, diese in kleine Stücke schneiden.

6. Die **Banane** schälen und in Scheiben schneiden. Die Bananenscheiben jeweils halbieren.

7. Die vorbereiteten Früchte in die **Salatsoße** geben und alles mit einem Löffel gut durchmischen.

DAS BRAUCHST DU DAFÜR:

- ☐ 1 Schneidebrett
- ☐ 1 Küchenmesser
- ☐ 1 Zitruspresse
- ☐ 1 Schüssel
- ☐ 1 kleiner Schneebesen
- ☐ 1 Sparschäler
- ☐ 1 Esslöffel

ZUTATEN FÜR 4 PORTIONEN:

- ☐ 1 Zitrone
- ☐ 3 Mandarinen
- ☐ 1 EL Honig
- ☐ 1 EL Sesamsamen
- ☐ 2 Kiwis
- ☐ 1 Apfel
- ☐ 1 Banane

TIPP!
Der Obstsalat schmeckt lecker mit einem Klecks Sahne oder Rahmjoghurt!

 In etwa **30 Minuten** ist der Obstsalat fertig

SO HAT'S MIR GESCHMECKT:

Grissini-Fackeln

Lust auf was zu knabbern? Mit Grissini, den italienischen Knusperstangen, kannst du köstliche Sachen zaubern.

SO WIRD'S GEMACHT:

1. Die **Basilikum**- oder **Rucolablätter** mit Wasser abbrausen. Mit Küchenpapier trocken tupfen.

2. Jede **Schinkenscheibe** auf dem Schneidebrett mit dem Messer längs in 4 Streifen schneiden. Du hast dann 16 lange Schinkenstreifen.

3. **Je 1 Basilikum**- oder **Rucolablatt** an ein Ende von **1 Grissini-Stange** legen. Das Blatt soll zur Hälfte über die Grissini-Stange herausragen.

4. **Befestige das Blatt so:** Je 1 Schinkenstreifen um das obere Ende der Grissini-Stange wickeln. Das obere Stück vom Blatt steht heraus und sieht aus wie eine grüne Flamme.

5. Die **Grissini-Fackeln** in ein hohes Glas stellen.

DAS BRAUCHST DU DAFÜR:

- ☐ Küchenpapier
- ☐ 1 Schneidebrett
- ☐ 1 Küchenmesser
- ☐ 1 hohes Glas

ZUTATEN FÜR 4 PORTIONEN:

- ☐ 16 große Basilikum- oder Rucolablätter
- ☐ 4 große Scheiben Parmaschinken (oder einen anderen geräucherten rohen Schinken)
- ☐ 16 Grissini

TIPP!

Umwickle Grissini statt mit rohem Schinken auch mal mit gekochtem Schinken oder Salami. Oder dippe die Stangen in Frischkäse, Schmelzkäse oder saure Sahne.

 Für die Fackeln brauchst du ungefähr **25 Minuten**

SO HAT'S MIR GESCHMECKT:

Schlemmertaler

Es muss ja nicht immer Weißbrot sein ...
Die kleinen Vollkornbrottaler schmecken mit
selbst gemischten Frischkäse-Aufstrichen
herrlich saftig.

SO WIRD'S GEMACHT:

1. **Frischkäse** abwiegen. Den Frischkäse so
auf die 3 Schälchen verteilen, dass in jedem Schälchen etwa gleich viel drin ist.

2. Die **Radieschen** waschen, das Grün und
die Wurzelfäden wegschneiden. **2 Radieschen** auf dem Schneidebrett mit dem
Messer in Scheiben schneiden. Für die
Dekoration beiseitelegen.

3. Die übrigen **4 Radieschen** erst in Scheiben, dann in kleine Würfel schneiden. Die
Würfel in das erste Schälchen mit Frischkäse geben und mit der Gabel umrühren.
Gib jeweils 1 bis 2 Prisen **Salz** und **Pfeffer**
dazu. Wenn es dir zu fad schmeckt,
würze nach.

4. Den **Schnittlauch** waschen und in kleine
Röllchen schneiden. 1 TL Röllchen für die
Dekoration beiseitestellen. Die übrigen
Röllchen mit einer Gabel unter den Frischkäse im zweiten Schälchen mischen. Gib
jeweils 1 bis 2 Prisen **Salz** und **Paprikapulver** dazu. Wenn es dir zu fad schmeckt,
würze nach.

5. Die **Birne** waschen und der Länge nach in
4 Stücke schneiden. Das Kerngehäuse
wegschneiden. Die Birnenviertel in kleine
Würfel schneiden.

ESS-EXPERIMENT

Vergleiche: Was schmeckt dir
besser? Deine Aufstriche oder
die fertig gekauften Frisch-
käsezubereitungen aus dem
Supermarkt?

6. 1 EL Birnenwürfel für die Dekoration beiseitestellen. Die übrigen Würfel unter den
Frischkäse im letzten Schälchen mischen.
Gib jeweils 1 bis 2 Prisen **Salz** und **Currypulver** dazu. Wenn es dir zu fad schmeckt,
würze nach.

7. Die **Brottaler** nebeneinander auf die Platte
oder das Brett legen. Je 1 Klecks Aufstrich
auf jeden Taler geben und gleichmäßig
mit dem Messer verstreichen.

8. Wie auf dem Foto **dekorieren**.

SO DEKORIERST DU:

+ Auf die Taler mit Radieschenaufstrich
kommen Radieschenscheiben.

+ Auf den Schnittlauchaufstrich
kommen Schnittlauchröllchen.

+ Auf den Birnenaufstrich Birnenwürfel.

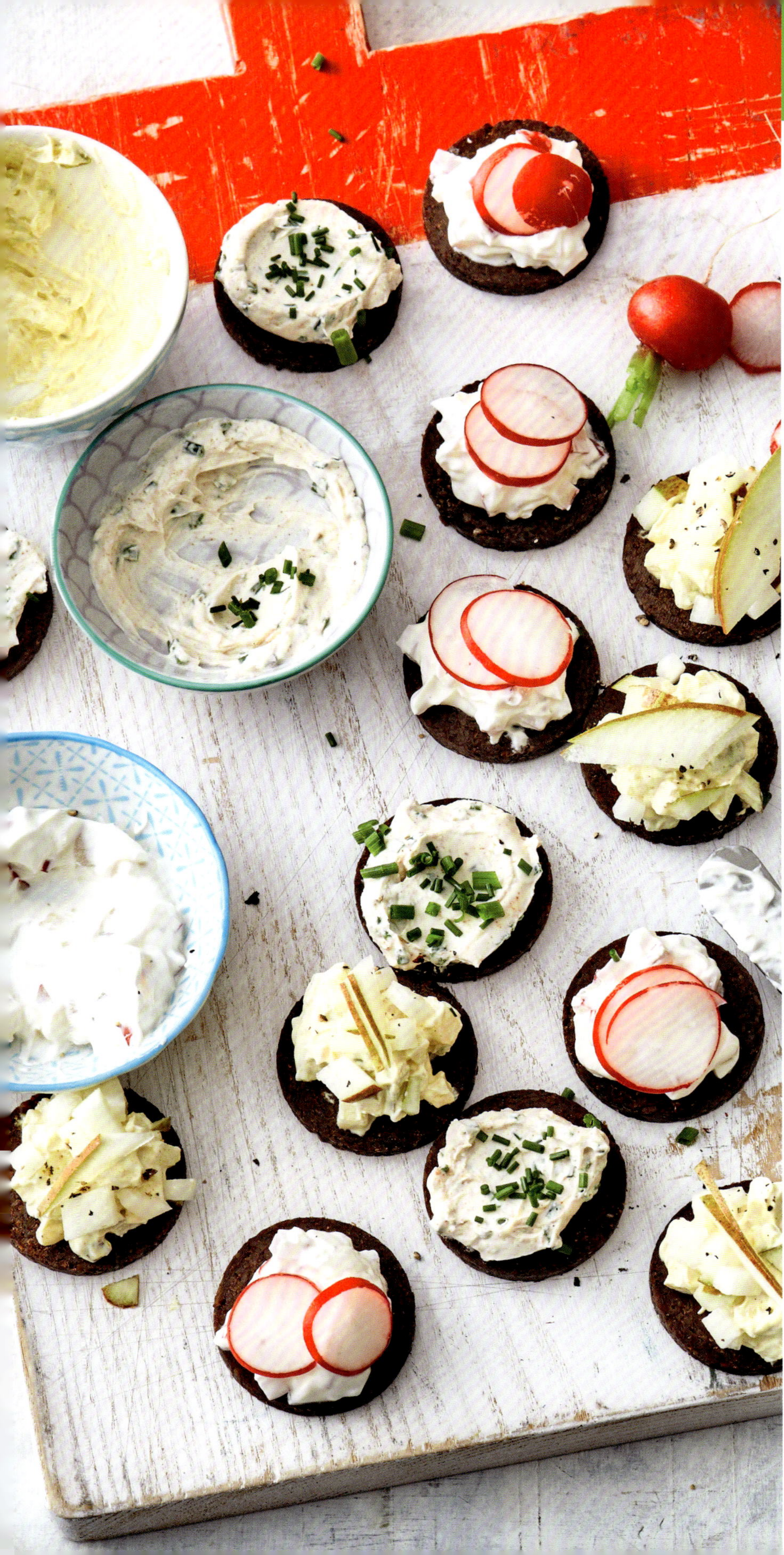

Rezept Nummer 4

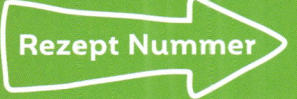

DAS BRAUCHST DU DAFÜR:

- ☐ 1 Küchenwaage
- ☐ 1 Esslöffel
- ☐ 3 Schälchen
- ☐ 1 Schneidebrett
- ☐ 1 Küchenmesser
- ☐ 1 Gabel
- ☐ 1 große Platte oder 1 Brett

ZUTATEN FÜR ETWA 20 TALER:

- ☐ 200 g Doppelrahm-frischkäse
- ☐ 6 Radieschen
- ☐ Salz, Pfeffer
- ☐ 6 Stängel Schnittlauch
- ☐ edelsüßes Paprikapulver
- ☐ 1 kleine Birne
- ☐ mildes Currypulver
- ☐ 20 kleine Pumpernickeltaler (oder Vollkornbrottaler)

In etwa **25 Minuten** sind die Schlemmertaler fertig

SO HAT'S MIR GESCHMECKT:

☆ ☆ ☆ ☆ ☆

Gemüsepommes mit Dips

Wie Pommes geschnitten und mit leckeren Dips schmeckt Gemüse oft besser als gekocht. Probiere es aus!

SO WIRD'S GEMACHT:

1. Die **saure Sahne** abwiegen und auf zwei Schälchen verteilen. Den **Schnittlauch** mit Wasser abbrausen. Dann auf dem Schneidebrett mit dem Messer in kleine Röllchen schneiden.

2. Die Röllchen mit dem **Ketchup** in eines der Schälchen mit **saurer Sahne** geben. Alles gut verrühren. Gib jeweils 1 bis 2 Prisen **Salz** und **Pfeffer** dazu. Wenn es dir zu fad schmeckt, würze nach.

3. Den **Senf** und den **Honig** in das zweite Schälchen mit **saurer Sahne** geben. Alles gut verrühren. Gib jeweils 1 bis 2 Prisen **Salz** dazu. Wenn es dir zu fad schmeckt, würze nach.

4. Die **Paprikaschoten** waschen. Die Paprikas jeweils der Länge nach halbieren, den Stiel und die Kerne entfernen. **Kuck mal auf Seite 11 und 12, wie's geht**. Die Paprikahälften der Länge nach in fingerdicke Streifen schneiden.

5. Die **Zucchini** waschen. Dann erst der Länge nach in etwa 1 cm dicke Scheiben schneiden, die Scheiben dann in pommeslange Stifte.

6. Vom **Kohlrabi** und von den **Möhren** jeweils die Enden abschneiden und das Gemüse mit dem Sparschäler schälen. Den Kohlrabi erst in dicke Scheiben, dann wie Pommes in lange Stifte schneiden. Die Möhren längs vierteln und dann in pommeslange Stifte schneiden.

7. Von den **Frühstücksbeuteln** die Ränder jeweils so weit umschlagen, dass die Beutel etwas niedriger sind als die Gemüsestifte. Das Gemüse bunt gemischt in die Beutel stecken.

8. **Zum Knabbern** tauchst du die Gemüsepommes mal in den Ketchup-Dip, mal in den Senf-Dip.

DAS BRAUCHST DU DAFÜR:

☐ 1 Küchenwaage
☐ 1 Esslöffel
☐ 2 Schälchen
☐ 1 Schneidebrett
☐ 1 Küchenmesser
☐ 1 Teelöffel
☐ 1 Sparschäler
☐ 4 Frühstücksbeutel aus Papier

ZUTATEN FÜR 4 PORTIONEN:

☐ 300 g saure Sahne
☐ 6 Stängel Schnittlauch
☐ 2 EL Tomatenketchup
☐ Salz, Pfeffer
☐ 1 EL mittelscharfer Senf
☐ 1 TL Honig
☐ 1 rote Paprikaschote
☐ 1 gelbe Paprikaschote
☐ 1 halbe Zucchini
☐ 1 halbe Kohlrabi
☐ 3 Möhren

Die Pommes sind in etwa **25 Minuten** fertig zum Dippen

SO HAT'S MIR GESCHMECKT:

Rosa Eiersalat auf Toast

Eine leckere Abwechslung zu Wurst- und Käsebrot.
Bringt frische Farbe auf den Tisch!

SO WIRD'S GEMACHT:

1. **Saure Sahne**, **Essig** und **3 EL** von dem **Rote-Bete-Saft** aus dem Glas in die Schüssel geben. Mit dem Löffel verrühren. Gib jeweils 1 bis 2 Prisen **Salz** und **Pfeffer** dazu. Wenn es dir zu fad schmeckt, würze nach.

2. Die **Roten Beten** über dem Spülbecken in das Sieb schütten und abtropfen lassen. Die Scheiben auf dem Schneidebrett mit dem Messer in kleine Würfel schneiden. In die Schüssel geben.

3. Die **Eier** pellen: Dazu klopfst du die Eierspitze zunächst kurz auf die Arbeitsfläche. Dann pellst du mit den Fingern die Schale von der kaputten Stelle aus ab. Die Eier erst in Scheiben schneiden, dann in kleine Würfel. Eierwürfel in die Schüssel geben.

4. Den **Apfel** waschen und der Länge nach in Viertel schneiden. Das Kerngehäuse wegschneiden. Die Apfelviertel erst in Spalten schneiden, dann in kleine Würfel. Die **Essiggurken** erst in lange Streifen schneiden, dann in kleine Würfel.

5. Apfel- und Gurkenwürfel in die Schüssel geben. Alle Zutaten in der Schüssel mit dem Löffel mischen. Probiere den Salat. Schmeckt noch fad? Dann würze ihn nach deinem eigenen Geschmack nochmals mit etwas **Salz**, **Pfeffer** und **Essig**.

6. Das **Brot** im Toaster knusprig toasten. Auf die Teller legen und den Eiersalat darauf verteilen. Wer mag, streut Schnittlauchröllchen und zerbröselte Walnusskerne darüber. **Fertig!**

DAS BRAUCHST DU DAFÜR:

- ☐ 1 Esslöffel
- ☐ 1 Schüssel
- ☐ 1 Sieb
- ☐ 1 Schneidebrett
- ☐ 1 Küchenmesser
- ☐ 1 Toaster
- ☐ 4 Teller

ZUTATEN FÜR 4 PORTIONEN:

- ☐ 5 EL saure Sahne
- ☐ 1 EL Essig
- ☐ 1 halbes kleines Glas eingelegte Rote Bete in Scheiben (etwa 100 g)
- ☐ Salz, Pfeffer
- ☐ 4 hart gekochte Eier (Brotzeiteier)
- ☐ 1 kleiner Apfel
- ☐ 2 kleine Essiggurken
- ☐ 4 Scheiben Vollkorntoastbrot
- ☐ Wer mag: Schnittlauchröllchen und Walnusskerne

 In ungefähr **25 Minuten** kannst du reinbeißen

SO HAT'S MIR GESCHMECKT:

Mini-Mozzarella-Spieße

SO WIRD'S GEMACHT:

Immer wieder Tomate und Mozzarella als Salat? Wie langweilig! Also ran an die Spieße!

1. Die **Mozzarellakugeln** in das Sieb abgießen und abtropfen lassen. **Paprika**, **Nektarine** und **Tomaten** waschen.

2. Von der **Paprika** auf dem Schneidebrett den Stiel und die Kerne entfernen. **Kuck mal auf Seite 11 und 12, wie's geht!**
Paprika in Stücke schneiden, die sich gut aufspießen lassen: erst in etwa 2 cm breite Streifen und diese dann quer in Quadrate schneiden.

3. Die **Nektarine** mit dem Messer einmal rundum bis zum Stein einschneiden. Die Fruchthälften durch Drehen voneinander lösen. Den Stein entfernen. Die Nektarinenhälften in etwa 2 cm große Würfel schneiden (sie sollten sich gut aufspießen lassen).

4. Größere **Tomaten** mit dem Messer in zwei Hälften schneiden, kleine Tomaten ganz lassen.

5. Den **Sesam** im Schälchen mit 1 Prise **Salz** und einem viertel TL **Currypulver** vermischen. Die **Mozzarellakugeln** in der Mischung rollen, bis sie eine Sesamhülle haben.

6. Alle Zutaten **abwechselnd auf Holzspieße** stecken. Die Spieße auf die Teller oder die Platte legen. Mit **Crema di Balsamico** Linien daneben spritzen. Losdippen!

TIPP!
Habt ihr keine Crema di Balsamico zu Hause? Dann mische einfach 4 Teelöffel Honig mit ein paar Spritzern anderem Essig.

DAS BRAUCHST DU DAFÜR:

☐ 1 Sieb
☐ 1 Schneidebrett
☐ 1 Küchenmesser
☐ 1 Schälchen
☐ 8 Holzspieße
☐ 4 Teller oder 1 Platte

ZUTATEN FÜR 4 PORTIONEN:

☐ 1 Packung Mini-Mozzarellakugeln (150 g)
☐ 1 halbe Paprikaschote (am besten gelb oder orange)
☐ 1 Nektarine
☐ 8 feste Cocktailtomaten (Kirschtomaten)
☐ 2 gehäufte EL Sesamsamen
☐ Salz
☐ mildes Currypulver
☐ Crema di Balsamico (cremiger italienischer Balsamessig)

In etwa **30 Minuten** sind die Zutaten auf dem Spieß

SO HAT'S MIR GESCHMECKT:

☆ ☆ ☆ ☆ ☆

Rezept 8

GURKENFLITZER

Für 2 Flitzer 3 kleine Bio-Gärtnergurken waschen. Von 1 Gurke 8 dicke Scheiben für die Räder abschneiden. Aus den beiden ganzen Gurken im vorderen Bereich je ein kleines Quadrat als Fahrerkabine ausschneiden. Die Räder mit **Zahnstochern** seitlich an die ganzen Gurken stecken. Für die Fahrer auf 2 übrige Gurkenstücke je mit **einem Zahnstocher 1 Mini-Cocktailtomate** (Kirschtomate) als Kopf befestigen. Fahrer in die Flitzer setzen.

Rezept 9

EIERKÜKEN

Für 4 Küken 2 hart gekochte Eier (Brotzeiteier) pellen und der Breite nach quer in 2 Hälften schneiden. **1 Scheibe Möhre** zu 8 dreieckigen kleinen Schnabelstückchen schneiden. Vorsichtig je 2 Schnabelstücke etwa in der Mitte des Eigelbs leicht hineindrücken. Je **2 kleine Pfefferkörner** als Kükenaugen oberhalb des Schnabels in das Eigelb drücken. Die Küken in ein Nest aus Kresse setzen.

Rezept 10

BÄREN-KARUSSELLS

Für 4 Stück 4 EL Puderzucker mit **ein paar Tropfen Zitronensaft** zu einem dicken, zähflüssigen Zuckerguss verrühren. Ist der Guss zu dünn, einfach noch etwas Puderzucker unterrühren. **4 runde, mit Kakaocreme gefüllte Doppelkekse** oben mit Guss bestreichen und diesen ganz kurz antrocknen lassen. Bevor der Guss trocken ist, in jede Keksmitte **1 bunte Schokolinse** drücken und rundum **Gummibärchen** aufrecht auf jedes Karussell setzen.

KIWI-SCHILDKRÖTEN

Für 4 Stück 1 Kiwi mit dem Sparschäler schälen und dann mit dem Messer in 4 dicke Scheiben schneiden – den Rest auffuttern. Je 1 Kiwischeibe auf einen kleinen Teller legen. **12 grüne Weintrauben** waschen. **8 Trauben** quer halbieren. Jeweils 1 ganze Weintraube als Kopf an jede Kiwischeibe legen und mit Hilfe eines Zahnstochers kleine Augen aus **Aceto balsamico** (italienischer Balsamessig) auftupfen. Je 4 Traubenhälften als Beine seitlich an die Kiwischeiben legen.

Rezept 11

Apfelfächer

Schon mal eine Apfel-Blume gemacht? Nein?
Das musst du mal probieren!

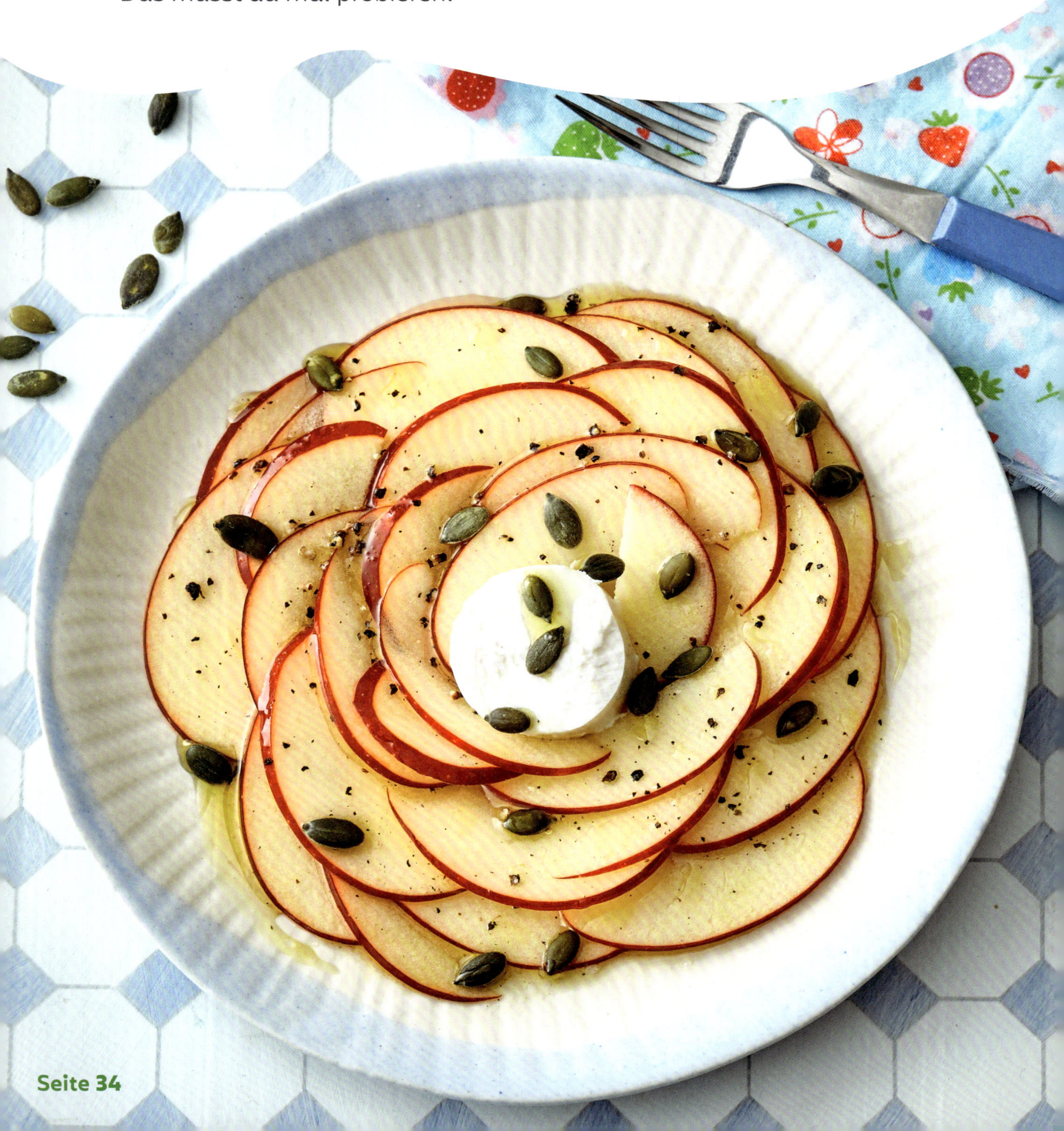

SO WIRD'S GEMACHT:

1. **Apfelsaft**, **Balsamico** und **Olivenöl** mit dem Esslöffel in das Schälchen geben und verrühren. Würze die Marinade jeweils mit 1 Prise **Salz** und **Pfeffer**.

2. Die **Äpfel** waschen. Alle Äpfel auf dem Schneidebrett mit dem Messer der Länge nach in Viertel schneiden. Die Kerngehäuse wegschneiden.

3. Die **Apfelviertel** vorsichtig auf dem Gemüsehobel in feine Scheiben schneiden. **Verwende** dabei auf jeden Fall den **Restehalter**, damit du dich nicht schneidest! Wenn du keinen Hobel mit Restehalter hast, lass dir von deinen Eltern helfen.

4. Die **Apfelscheiben** auf die Teller verteilen: Lege sie fächerförmig auf die Teller. Wie auf dem Foto nebenan. Beträufle die Äpfel sofort mit der Marinade, damit sie nicht braun werden.

5. Jeweils **1 Frischkäsetaler** in die Mitte setzen und über jede Portion **1 TL Kürbiskerne** streuen.

DAS BRAUCHST DU DAFÜR:

- ☐ 1 Esslöffel
- ☐ 1 Schälchen
- ☐ 1 Schneidebrett
- ☐ 1 Küchenmesser
- ☐ 1 Gemüsehobel mit Restehalter
- ☐ 4 Teller
- ☐ 1 Teelöffel

ZUTATEN FÜR 4 PORTIONEN:

- ☐ 4 EL Apfelsaft
- ☐ 4 EL Balsamico bianco (weißer italienischer Balsamessig)
- ☐ 4 EL Olivenöl
- ☐ Salz, Pfeffer
- ☐ 2 große, knackige Bio-Äpfel
- ☐ 4 Ziegenfrischkäsetaler
- ☐ 4 TL Kürbiskerne

TIPP!
Keine Ziegenfrischkäsetaler zu Hause? Dann kleckse etwas saure Sahne in die Mitte der Äpfel.

 Für die Apfelfächer brauchst du ungefähr **25 Minuten**

SO HAT'S MIR GESCHMECKT:

Tramezzini-Röllchen

Tramezzini – so heißen die belegten, dünnen italienischen Weiß-brotscheiben ohne Rinde. Die lassen sich prima mit Lieblings-zutaten belegen und aufrollen. Sieht toll aus, oder?

1. Den **Spinat** verlesen, das heißt: alles durchschauen und weg mit welken und ka-putten Blättern. Die guten Spinatblätter wa-schen und in dem Sieb gut abtropfen lassen. **Tramezzini-Brot**, **Hähnchenbrustschinken** und **Frischkäse** abwiegen. Frischkäse in ein Schälchen geben und wie die anderen Zuta-ten bereitstellen.

2. Die **Brotscheiben** auf das Schneidebrett legen und mit einem Nudelholz fest drüber-rollen. So wird das Brot noch etwas dünner und lässt sich später besser einrollen.

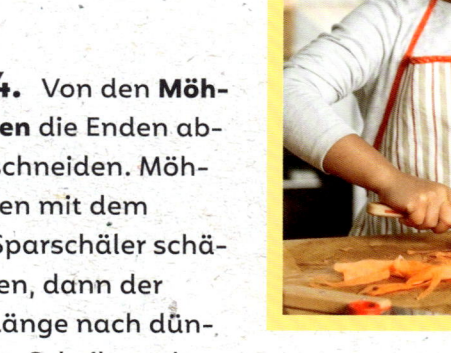

3. Im zweiten Schälchen **Senf** und **Honig** verrühren. Die Brote damit bestreichen. Achtung: Rundum einen kleinen Rand frei lassen. Den **Frischkäse** daraufstreichen.

4. Von den **Möh-ren** die Enden ab-schneiden. Möh-ren mit dem Sparschäler schä-len, dann der Länge nach dün-ne Scheiben ab-hobeln: Lege dazu die Möhre vor dich auf das Schneidebrett. Halte sie mit einer Hand fest und ziehe mit der anderen Hand den Spar-schäler darüber. **Die Reste, die schwer zu ho-beln sind, einfach aufessen.**

5. Die **Tramezzini-Scheiben** mit den Spinatblättern und einer Lage Möhren-scheiben **belegen**. Zuletzt die **Schinken-scheiben** darauflegen.

4

5

Yummy

6

6. Die **Tramezzini von der kurzen Seite her auf-rollen**, dabei darauf achten, dass die Brote nicht brechen. Jede Rolle vorsichtig in 5 etwa gleich dicke Scheiben schneiden. Die Scheiben mit Zahn-stochern feststecken.

DAS BRAUCHST DU DAFÜR:

- ☐ 1 Sieb
- ☐ 1 Küchenwaage
- ☐ 1 Esslöffel
- ☐ 2 Schälchen
- ☐ 1 Schneidebrett
- ☐ 1 Nudelholz
- ☐ 1 Küchenmesser
- ☐ 1 Sparschäler
- ☐ Zahnstocher

ZUTATEN FÜR 4 PORTIONEN:

- ☐ 1 große Handvoll Baby-Blattspinat (etwa 40 Blätter)
- ☐ 200 g rechteckiges Tramezzini-Brot
- ☐ 100 g Hähnchenbrust-schinken (in Scheiben)
- ☐ 150 g Doppelrahmfrischkäse
- ☐ 3 EL mittelscharfer Senf
- ☐ 1 EL Honig
- ☐ 2 dicke Möhren

 Für die Röllchen brauchst du ungefähr **30 Minuten**

SO HAT'S MIR GESCHMECKT:

Lieblingsmüsli selbst gemixt

Misch dir ein Müsli nach deinem Geschmack. Zum Beispiel dieses Schokomüsli. Das gibt es so garantiert nirgends zu kaufen.

SO WIRD'S GEMACHT:

1. **Haferflocken, Mandelstifte, Cornflakes, Schokotropfen, Bananenchips** und **Datteln** abwiegen. Alles in die große Schüssel geben.

2. Die **Datteln** auf dem Schneidebrett mit dem Messer in kleine Stücke schneiden. Die Stücke in die Schüssel geben.

3. **Alle Zutaten** gründlich mit dem Löffel vermischen. Das Müsli in das saubere Vorratsglas füllen.

4. **Das Müsli** schmeckt lecker mit etwas Joghurt oder Milch. Wenn es dir nicht süß genug ist, gibst du einfach etwas mehr Datteln oder Bananenchips dazu.

ESS-EXPERIMENT

Vergleiche dein selbst gemixtes Schokomüsli mit einem Müsli aus dem Supermarkt. Vergleiche auch die Zutatenlisten.

VARIATIONEN TAUSCHBÖRSE

Alle Zutaten fürs Müsli lassen sich nach Herzenslust variieren:

- Statt **Datteln** getrocknete Aprikosen, Pflaumen, Rosinen oder Cranberrys

- Wenn du **Schoko mit Frucht** nicht magst, lass die Schokotropfen weg

- Statt **Haferflocken** sind auch Dinkel- oder Amarantflocken gut

- Statt **Mandeln** Sonnenblumenkerne, Kürbiskerne, klein gehackte Walnüsse oder Cashewkerne

- Statt **Bananenchips** andere Fruchtchips oder etwas mehr Cornflakes für mehr Knusprigkeit

DAS BRAUCHST DU DAFÜR:

☐ 1 Küchenwaage

☐ 1 große Schüssel

☐ 1 Schneidebrett

☐ 1 Küchenmesser

☐ 1 Esslöffel

☐ 1 großes Vorratsglas
(etwa 600 ml Inhalt)

ZUTATEN FÜR
1 GROSSES VORRATSGLAS:

☐ 200 g Haferflocken
(grobe oder feine,
welche du lieber magst)

☐ 100 g Mandelstifte

☐ 50 g Cornflakes

☐ 50 g Schokotropfen

☐ 50 g Bananenchips

☐ 100 g getrocknete Datteln

 In ungefähr **15 Minuten**
ist das Müsli gemixt

SO HAT'S MIR GESCHMECKT:

Schleckermäulchen-Kugeln

Pralinen zum Frühstück? Na klar! Diese hier sind gesund.
Du darfst sie gern morgens anstelle vom Müsli essen.
Aber auch mittags oder abends genascht geben sie dir
rasch neue Energie.

SO WIRD'S GEMACHT:

1. Die **gemahlenen Mandeln** und die **Haferflocken** abwiegen. Die **Banane** schälen und auf einem Teller mit der Gabel zerdrücken. So lange, bis keine Stückchen mehr zu sehen sind.

2. Das Bananenmus mit dem **Honig** und dem **Zimt** in die kleine Schüssel geben. Mit dem Esslöffel verrühren. Gemahlene Mandeln untermischen, zum Schluss die Haferflocken.

3. **Eine Probekugel formen:** Zupfe mit den Fingern von der Masse ein etwa walnussgroßes Stückchen ab. Rolle es zwischen deinen Handflächen zu einer Kugel. Klebt die Masse dabei an den Händen, mischst du noch ein paar Haferflocken unter. Wenn sich die Masse gut formen lässt, rolle insgesamt **16 Kugeln** daraus.

4. **Mandeln**, **Kokos-** oder **Schokoraspel** zum Wälzen auf den zweiten Teller geben. Die Kugeln nacheinander mit den Fingern darin rollen, bis sie rundum umhüllt sind.

5. Die Kugeln in die **Papierförmchen** setzen. Alles, was du nicht gleich auffutterst, kannst du im Kühlschrank 2 Tage aufbewahren.

DAS BRAUCHST DU DAFÜR:

- ☐ 1 Küchenwaage
- ☐ 2 Teller
- ☐ 1 Gabel
- ☐ 1 Teelöffel
- ☐ 1 kleine Schüssel
- ☐ 1 Esslöffel
- ☐ 16 kleine Papierförmchen (Pralinenförmchen)

ZUTATEN FÜR ETWA 16 STÜCK:

- ☐ 80 g gemahlene Mandeln
- ☐ 80 g feine Haferflocken
- ☐ 1 reife Banane (mit unreifer Banane schmecken die Kugeln nicht!)
- ☐ 2 TL Honig
- ☐ 1 halben TL Zimtpulver
- ☐ etwa 50 g gemahlene oder gehackte Mandeln, Kokos- oder Schokoraspel zum Wälzen (nimm, was du am liebsten magst)

Mehr Abwechslung

- **Schokosplit-Kugeln:** 2 EL Schokoraspel unter die Bananenmasse rühren.
- **Fruchtkugeln:** 2 EL Rosinen oder Cranberrys unter die Bananenmasse rühren.
- **Knusperkugeln:** 2 EL gehackte Mandeln unter die Bananenmasse rühren.

 Für die Kugeln brauchst du etwas mehr als **30 Minuten**

SO HAT'S MIR GESCHMECKT:

Genießen mit allen fünf Sinnen

Kennst du das: Wenn du beim Essen fernsiehst oder spielst, schaufelst du dein Essen schnell und achtlos in dich hinein und kannst anschließend gar nicht sagen, wie es wirklich geschmeckt hat. Nur wer in Ruhe und mit allen Sinnen isst, kann die Zutaten richtig genießen. Du hast gedacht, zum Essen braucht man nur den Mund? Dann lies mal weiter und probiere die Ess-Experimente aus.

👁 Sehen, wie's schmeckt

Das Auge isst mit, heißt es so schön. Und das Essen beginnt immer mit den Augen. Wenn etwas bunt ist, knackig aussieht oder schön angerichtet ist, findet man es appetitlich und bekommt Lust, es zu probieren. Verwelkten Salat, einen Apfel mit Wurmloch, vertrocknetes Brot, aber auch zermanschtes oder verkochtes Essen, lässt du sicher lieber liegen. Schließlich weißt du aus Erfahrung, dass viele Lebensmittel, die nicht gut aussehen, auch nicht gut schmecken. Meistens liegst du damit richtig. Aber manchmal lassen wir uns von Farbe und Form täuschen.

ERSTES ESS-EXPERIMENT

Dafür brauchst du:

- ☐ Rahmjoghurt mit Traubenzucker (oder leicht gezuckerten Naturjoghurt)
- ☐ 3 gleiche Schälchen
- ☐ Lebensmittelfarbe in Rot und Grün

So wird's gemacht:

1. Verteile den Joghurt gleichmäßig auf drei Schälchen.

2. Unter den Joghurt im ersten Schälchen rührst du **rote** Lebensmittelfarbe, unter den Joghurt im zweiten Schälchen **grüne** Lebensmittelfarbe. Der Joghurt im dritten Schälchen bleibt **ungefärbt**.

3. Lasse jetzt deine Freunde, die nichts von den Lebensmittelfarben wissen, die drei **verschiedenfarbigen Joghurts probieren**.

4. **Frage sie, welche Geschmacksrichtung der Joghurt hat, den sie gerade probieren.** Wetten, sie lassen sich von der Farbe täuschen?

> Das Experiment kannst du auch mit Limonade (klare Zitronenlimo) oder Apfelsaft machen.

 # Fühlen, wie's schmeckt

Lebensmittel kann man auch mit den Fingern beurteilen. So sind Früchte, die bei leichtem Druck etwas nachgeben, reif. Harte Früchte sind in der Regel unreif. Wenn Käse und Wurst eine klebrige oder schmierige Oberfläche haben, sind sie nicht mehr frisch. Harte Brötchen schmecken trocken. Fühlen kann man aber nicht nur mit den Fingern, sondern auch im Mund – über Zunge und Mundschleimhäute. Pürees, Cremes, Eis oder Schokolade sind nicht nur wegen ihres Geschmacks begehrt. Sie sind auch beliebt, weil sie sich im Mund so gut anfühlen.

ZWEITES ESS-EXPERIMENT

Dafür brauchst du:

Lebensmittel mit unterschiedlicher Konsistenz, z.B.

- ☐ Brause
- ☐ Eis
- ☐ Pudding
- ☐ Knäckebrot
- ☐ Wasser oder Saft
- ☐ Schaumküsse
- ☐ Schokoladenstücke

- - - - - - - - - - - - - - - -

Zum Schluss macht ihr vielleicht noch einen kleinen Wettbewerb, wer ein Schokoladenstück am längsten im Mund schmelzen lassen kann.

So wird's gemacht:

1. Probiere mit Freunden, wie sich verschiedene Lebensmittel im Mund **anfühlen**: Wie fühlt es sich an, wenn Brause auf der Zunge prickelt, Eis schmilzt, Pudding sich im Mund verteilt, in Knäckebrot gebissen wird, Getränke über die Zunge fließen oder luftige Schaumküsse im Mund zerdrückt werden?

2. Überlegt euch dafür erst gemeinsam, welche **Konsistenz** Lebensmittel haben. **Sucht Beschreibungen**, wie sie sich im Mund anfühlen können:
rau, weich, knackig, körnig, faserig, samtig, wässrig, prickelnd, klebrig, saftig …
Sicher fallen euch noch mehr Eigenschaften ein.

3. Schreibt diese Begriffe auf eine Liste und testet dann – am besten **mit verbundenen Augen** – verschiedene Lebensmittel. Schreibt auf, welche Eigenschaften jeder von euch **im Mund fühlt**, und vergleicht die Ergebnisse.

Hören, wie's schmeckt

Auch die Ohren essen mit. Manchmal schmecken uns Lebensmittel besonders gut, wenn sie im Mund knacken oder knuspern oder wenn man sie schlürfen kann. Die Ohren bestätigen uns auch, ob Lebensmittel frisch sind: Ein Brötchen, das statt eines knusprigen, knackigen Geräusches beim Reinbeißen nur ein leises Quietschen von sich gibt, ist vermutlich vom Vortag. Eine frische Möhre muss beim Reinbeißen richtig knacken. Zischt die Limo beim Öffnen, freuen wir uns auf das Prickeln der Kohlensäure. Und vielleicht hast du schon mal festgestellt: Lärm, laute Musik und Streit während des Essens verderben einem manchmal den Appetit.

DRITTES ESS-EXPERIMENT

Dafür brauchst du:

Tuch zum Verbinden der Augen

Verschiedene Lebensmittel, die ein besonderes Geräusch machen, z.B.

- ☐ Knäckebrot
- ☐ Äpfel
- ☐ Möhren
- ☐ Cornflakes
- ☐ Nüsse
- ☐ Mineralwasser in der Flasche

So wird's gemacht:

1. Verbinde deinen Freunden die Augen. **Für dieses Experiment müssen alle wirklich ganz leise sein!**

2. Nimm jetzt eines der Lebensmittel, die du bereitgestellt hast, und beiß hinein, knack eine Nuss oder öffne eine Wasserflasche.

3. Deine Freunde müssen nun **raten**, was du gemacht hast und **welches Lebensmittel** es war.

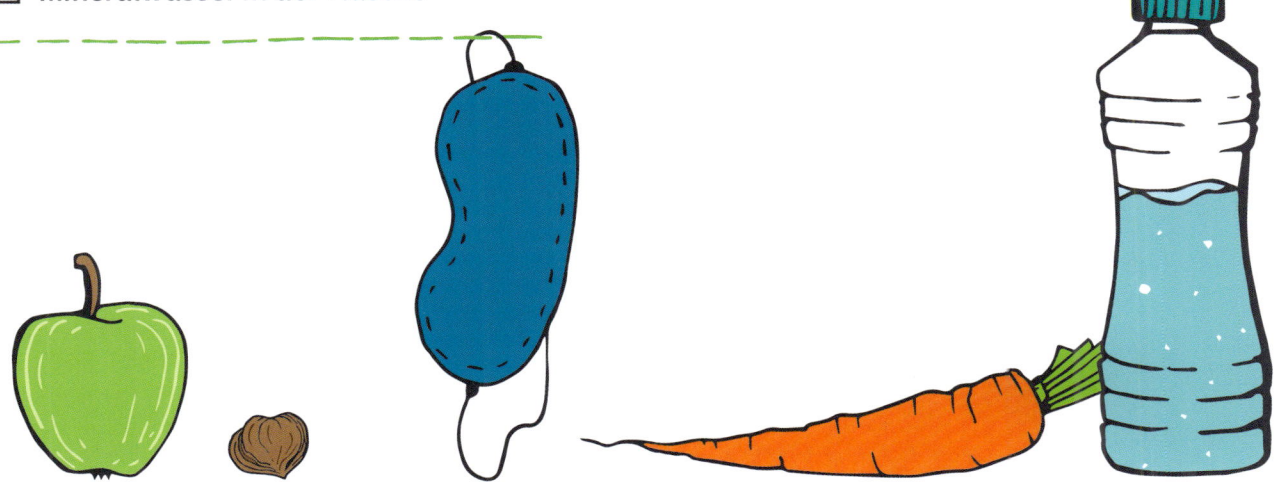

Erschmecken, wie's schmeckt

Süß, sauer, salzig, bitter und umami sind die Grundgeschmacksrichtungen, die wir wahrnehmen können. Umami, das ist japanisch, heißt wohlschmeckend und bezeichnet einen herzhaften, würzigen Geschmack, wie das Aroma von Fleisch und Gebratenem. Dass wir Süßes am liebsten mögen und Kinder bittere Lebensmittel ablehnen, ist übrigens angeboren. Das sollte unsere Vorfahren, die noch Jäger und Sammler waren, vor Giftigem schützen. Denn in der Natur gibt es nichts Süßes, das giftig ist.

VIERTES ESS-EXPERIMENT

Dafür brauchst du:

- ☐ süße,
- ☐ saure,
- ☐ bittere,
- ☐ salzige und
- ☐ herzhafte Lebensmittel (z.B. Zitrone, Bananen, Äpfel, Kiwi, Beeren, Gurke, Säfte, Joghurt, gekochte Nudeln, Wurst, Kekse, Vollkornbrot)
- ☐ Tuch zum Verbinden der Augen
- ☐ Wäscheklammern

Kinder können mehr Geschmacksstufen wahrnehmen als Erwachsene, denn sie haben noch mehr Geschmacksknospen. So heißen die Stellen im Mund, die dir das Schmecken überhaupt erst ermöglichen.

So wird's gemacht:

1. Stelle möglichst viele **unterschiedlich schmeckende Lebensmittel** bereit und lass sie deine Freunde mit verbundenen Augen probieren und erraten.

2. Lass dir auch beschreiben, wie die Lebensmittel riechen und wie sie sich im Mund anfühlen.

3. Für die nächste Raterunde zerkleinere einige Lebensmittel (zerdrücke zum Beispiel eine Banane oder Erdbeere, schneide eine gekochte Nudel, eine Gurke oder Kiwi in ganz kleine Stückchen). Dann lass auch die zerkleinerten Lebensmittel probieren.

4. Im letzten Durchgang setze deinen Freunden eine Wäscheklammer auf die Nase oder lass sie die Nase zuhalten, während sie probieren.

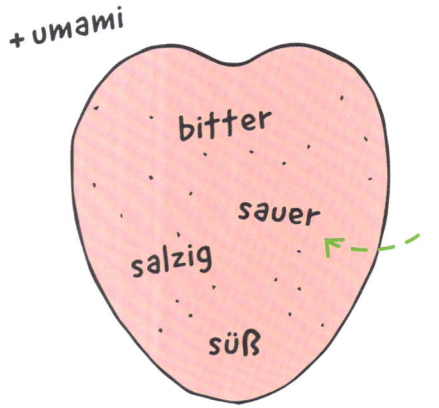

Sieger ist, wer die meisten Lebensmittel erraten hat.

Riechen, wie's schmeckt

Wenn du schon mal einen starken Schnupfen hattest, weißt du, dass man ohne die Nase weniger schmeckt. Geschmack und Geruch arbeiten zusammen. Die Zunge erkennt die grobe Geschmacksrichtung, die Nase ist für die Feinabstimmung zuständig. Allein am Geruch erkennen wir, ob wir ein Lebensmittel mögen oder nicht. Und Düfte machen Appetit. So lässt uns der Geruch von frischem Brot, von gebratenem Fleisch oder unserem Lieblingsessen das Wasser im Mund zusammenlaufen. Dass der Speichel fließt, ist ein Reflex und hat damit zu tun, dass die Spucke dann für ihre Aufgabe bereit ist, die Nahrung im Mund weich zu machen.

FÜNFTES ESS-EXPERIMENT

Dafür brauchst du:

☐ verschiedene Kräuter und Gewürze und andere duftende Lebensmittel, z.B. Käse, Salami, Essig, Apfelsaft

☐ Joghurtbecher oder Gläser

☐ Tuch zum Verbinden der Augen

So wird's gemacht:

1. Fülle in je zwei Becher oder Gläser das gleiche Lebensmittel.

2. **Verbinde** deinen Freunden die **Augen**.

3. Nun müssen sie durch **Riechen** die richtigen Paare finden.

4. Sieger ist, wer die meisten Paare beim Duft-Memory findet.

> Wusstest du, dass wir etwa 10.000 Düfte wahrnehmen können? Du kannst das Duft-Memory also immer wieder machen, ohne dass Langweile aufkommt!

Süße Doppeldecker

Mal gucken, womit das Sandwich belegt ist, ohne dafür die obere Scheibe abzuklappen? Mit Guckloch kein Problem!

SO WIRD'S GEMACHT:

1. Die **Bananen** schälen und auf dem Schneidebrett mit dem Messer quer halbieren. Dann die Hälften der Länge nach in etwa 1 halben cm dicke Scheiben schneiden.

2. Die **Brotscheiben** toasten. Mit beliebigen Plätzchenausstechformen aus 4 Brotscheiben in der Mitte jeweils ein Motiv ausstechen.

3. Die anderen 4 Brotscheiben mit **Frischkäse** bestreichen. Die Bananenscheiben darauflegen. Dann die **Nuss-Nougat-Creme** darüberstreichen.

4. Die Toastscheiben mit dem ausgestochenen Motiv auf die bestrichenen Toastbrote legen. **Gehackte Mandeln** darüberstreuen. Die ausgestochenen Toastbrotmotive danebenlegen.

DAS BRAUCHST DU DAFÜR:

- ☐ 1 Schneidebrett
- ☐ 1 Küchenmesser
- ☐ 1 Toaster
- ☐ Ausstechformen (z.B. Herz, Pilz, Blume)

ZUTATEN FÜR 4 SANDWICHES:

- ☐ 2 Bananen
- ☐ 8 Scheiben Toastbrot oder Kastenweißbrot
- ☐ 4 EL Frischkäse
- ☐ 4 EL Nuss-Nougat-Creme
- ☐ gehackte Mandeln

TIPP!

Probiere das Sandwich auch mal mit anderen Brotsorten. Und mit Konfitüre und Beeren statt Nuss-Nougat-Creme und Banane.

 10 Minuten Arbeit und schon kannst du in die Doppeldecker beißen

SO HAT'S MIR GESCHMECKT:

Mein Name ist:

So alt bin ich:

Diese Superkraft hätte ich gerne:

Das will ich werden, wenn ich groß bin:

Mein Lieblingsessen ist:

Mein Lieblingsobst:

Mein Lieblingsgemüse:

Meine Lieblingszutat:

Das schmeckt mir gar nicht:

Mein erstes selbst gekochtes Essen war:

So hat es uns geschmeckt: ☆ ☆ ☆ ☆ ☆

Gekocht habe ich dieses Essen am:

Datum:

Anfang

48 47

40
39

60 59

31
30

68 67

54 53

41
38

15
14

49 46

23
22

61 58

73

74

83

84
89

90

78
79

69 66

32
29

16 13

8
7

42
37

24
21

3

2

55 52

50 45

33
28

17

9

75 72

62 57

43 36

25
20

12

6

93

85

82

88

70 65

35 34

27 26

80 77

Anfang

96   95   92 87 86   81   76   71 64 63   56   51   44   35   34   27 26   19   18   11   10   5   ● 1

103   102   97   98   163   162 159   158   157   156 151   150 141   140   136   135

104   105   100   99   Ende

138 139

133   134

101   161 160   137

106   114 115   132

155 152   149 142

113   122 123

154 153

107   116   148 143 131

112   121 124

147

108   146 145   144   130

111 117   120 125

109 110 118 119 126   127   128   129

Ende

7   6   5   4   3   Anfang

14   8   9   10   2   1

13   12   11

Hauptsache lecker

Weißt du, woran du gesundes Essen erkennst?
Es ist abwechslungsreich und besteht
aus möglichst vielen frischen Zutaten in den
unterschiedlichsten Farben. Jede Farbe
bietet andere wichtige Nährstoffe, die der Körper
zum Wachsen und Gesundbleiben braucht.
Also merk dir ganz einfach:
Bunt ist gesund!

Wraps

Wraps sind gefüllte und aufgerollte Tortillafladen. Die dünnen Fladenbrote aus Weizen- oder Maismehl sind in Mexiko sehr beliebt. Du kannst sie auch durch Pfannkuchen ersetzen. Und nach eigenem Geschmack füllen.

SO WIRD'S GEMACHT:

1. Den **Schnittlauch** waschen, etwas trocken schütteln und auf dem Schneidebrett mit dem Messer in kleine Röllchen schneiden.

2. Die Schnittlauchröllchen mit der **sauren Sahne** in der kleinen Schüssel mit dem Löffel verrühren. Gib je 1 bis 2 Prisen **Salz** und **Pfeffer** dazu. Wenn es dir zu fad schmeckt, würze nach. Die Mischung auf die **Tortillafladen** verteilen. Gleichmäßig verstreichen.

3. Den **Salat** mit Wasser abbrausen und mit Küchenpapier trocken tupfen. Die **Paprika** waschen, den Stiel und die Kerne entfernen. Die Paprika in dünne Streifen schneiden. Erst je 1 Salatblatt, dann die Paprika auf die Fladen legen.

4. **Avocado** rundum längs einschneiden. Die Hälften durch Drehen voneinander lösen, den Kern entfernen. Die Hälften längs durchschneiden. Das Fruchtfleisch mit dem Messer aus der Schale lösen, in dünne Streifen schneiden und auf die Fladen legen.

5. Die **Tomaten** waschen und in Scheiben schneiden, dabei die Stielansätze wegschneiden. Jede Scheibe in Streifen schneiden. Die Streifen zwischen den Avocados gleichmäßig auf den Tortillafladen verteilen.

6. Alle Zutaten mit wenig **Salz** und **Pfeffer** bestreuen. Die Wraps aufrollen: Klappe von jedem Fladen eine Seite etwa 2 cm nach oben. Rolle die Fladen von einer Seite her fest auf. Umwickle die Wraps an der geschlossenen Seite mit einem breiten Streifen Butterbrotpapier zum Festhalten.

Ta-Ta!

DAS BRAUCHST DU DAFÜR:

- ☐ 1 Schneidebrett
- ☐ 1 Küchenmesser
- ☐ 1 kleine Schüssel
- ☐ 1 Esslöffel
- ☐ Küchenpapier
- ☐ 4 breite Streifen Butterbrotpapier

ZUTATEN FÜR 4 PORTIONEN:

- ☐ 8 Stängel Schnittlauch
- ☐ 6 EL saure Sahne
- ☐ Salz, Pfeffer
- ☐ 4 Tortillafladen
- ☐ 4 große Salatblätter (z.B. Kopfsalat)
- ☐ 1 halbe Paprikaschote (in deiner Lieblingsfarbe)
- ☐ 1 reife Avocado
- ☐ 2 Tomaten

 Für die Wraps brauchst du etwa **25 Minuten**

SO HAT'S MIR GESCHMECKT:

☆ ☆ ☆ ☆ ☆

Bunter Nudelsalat

Mit Resten vom Vortag ist der Salat superschnell gemacht. Bitte deine Eltern beim nächsten Mal, wenn sie Nudeln machen, einfach eine große Portion mehr zu kochen.

SO WIRD'S GEMACHT:

1. **Joghurt**, **Nudeln**, **Tomaten**, **Fleischwurst** und **Käse** abwiegen und in Schüsseln bereitstellen.

2. Den Joghurt in die Salatschüssel geben. **Zitronensaft** und **Ketchup** mit dem Esslöffel hinzufügen und alles gut verrühren.

3. Würze die Joghurtmischung mit jeweils 1 bis 2 Prisen **Salz** und **Pfeffer**. Wenn es dir zu fad schmeckt, würze nach. Die **Nudeln** dazugeben und untermischen.

4. Die **Tomaten**, die **Paprika** und die **Gurke** waschen. Die Tomaten auf dem Schneidebrett mit dem Messer jeweils halbieren.

5. Die **Paprika** waschen und der Länge nach in 2 Hälften schneiden. Den Stiel und die Kerne entfernen. Die Paprikahälften in kleine Stücke schneiden.

6. Von der **Gurke** die Enden wegschneiden. Die Gurke erst in etwa fingerdicke Scheiben schneiden. Dann die Scheiben in kleine Würfel.

7. Tomaten, Paprika und Gurke zu den Nudeln geben und mit dem Löffel **untermischen**.

8. Die **Wurst** und den **Käse** in etwa fingerdicke Scheiben schneiden. Mit den Ausstechformen daraus Motive ausstechen. Die Reste klein schneiden. Alle Wurst- und Käsestücke unter den Nudelsalat mischen.

DAS BRAUCHST DU DAFÜR:

- ☐ 1 Küchenwaage
- ☐ 5 Schüsseln
- ☐ 1 Salatschüssel
- ☐ 1 Esslöffel
- ☐ 1 Schneidebrett
- ☐ 1 Küchenmesser
- ☐ kleine Ausstechformen

ZUTATEN FÜR 4 PORTIONEN:

- ☐ 250 g Naturjoghurt
- ☐ 700 g gekochte kurze Nudeln (= 250 g rohe Nudeln)
- ☐ 100 g kleine Cocktailtomaten (Kirschtomaten)
- ☐ 100 g Fleischwurst am Stück
- ☐ 100 g Käse am Stück
- ☐ 3 EL Zitronensaft
- ☐ 3 EL Tomatenketchup
- ☐ Salz, Pfeffer
- ☐ 1 orange Paprikaschote
- ☐ 1 halbe Salatgurke

 In ungefähr **30 Minuten** ist der Nudelsalat fertig

SO HAT'S MIR GESCHMECKT:

Brotsalat

Tunkst du auch gerne Brot in die Salatsoße? Hier ist das Brot gleich im Salat! Echt lecker!

SO WIRD'S GEMACHT:

1. **Öl**, **Essig**, etwa einen viertel TL **Salz** und 1 Prise **Pfeffer** in die Salatschüssel geben. Alles mit dem Schneebesen gut verrühren.

2. Die **Basilikumblätter** mit Wasser abbrausen und etwas trocken schütteln. Auf dem Schneidebrett mit dem Messer in breite Streifen schneiden. Die Streifen zur Salatsoße geben.

3. Die **Tomaten** waschen und in etwa 1 cm große Stücke schneiden, dabei die Stielansätze entfernen.

4. Die **Gurke** waschen. Erst der Länge nach vierteln, dann die Viertel quer in etwa fingerdicke Scheiben schneiden. Tomaten und Gurkenscheiben in die Schüssel mit der Salatsoße geben.

5. Das **Weißbrot** knusprig toasten und in dicke Würfel schneiden. Die Brotwürfel in die Schüssel geben und alles gut durchmischen. Die **Mini-Mozzarellakugeln** darauf verteilen.

6. Den Salat etwa **20 Minuten stehen lassen**, dann verbindet sich die Soße lecker mit den Zutaten.

TIPP!
Schmeckt auch mit Brot von gestern!

DAS BRAUCHST DU DAFÜR:

- ☐ 1 Esslöffel
- ☐ 1 Salatschüssel
- ☐ 1 Schneebesen
- ☐ 1 Schneidebrett
- ☐ 1 Küchenmesser
- ☐ 1 Toaster

ZUTATEN FÜR 4 PORTIONEN:

- ☐ 4 EL Öl
- ☐ 4 EL Balsamico bianco (italienischer weißer Balsamessig)
- ☐ Salz, Pfeffer
- ☐ 1 große Handvoll Basilikumblätter (etwa 30 Stück)
- ☐ 6 Tomaten
- ☐ 1 Salatgurke
- ☐ 4 Scheiben Weißbrot
- ☐ 8 Mini-Mozzarellakugeln

 Der Brotsalat ist in etwa **25 Minuten** fertig, dann muss er noch etwa **20 Minuten** durchziehen

SO HAT'S MIR GESCHMECKT:

Knackiger Reissalat

Ist vom Mittagessen Reis übrig, mach Salat daraus! Gibt's keine Reste, dann lass beim nächsten Mal Reis für dieses Rezept mitkochen.

SO WIRD'S GEMACHT:

1. Die Mangowürfel aus der Packung nehmen. Mit der Küchenwaage abwiegen. Etwa 10 Minuten antauen lassen.

2. Den Reis abwiegen.

3. Orangensaft, Zitronensaft, Balsamico und Öl in die Salatschüssel geben und gut verrühren. Den Reis dazugeben und untermischen.

4. Die Paprikaschote waschen, den Stiel und die Kerne entfernen. Die Paprika auf dem Schneidebrett mit dem Messer in kleine Würfel schneiden.

5. Die Tomate waschen und in Scheiben schneiden, dabei den Stielansatz wegschneiden. Die Tomatenscheiben in kleine Würfel schneiden. Die Mangowürfel in kleine Stücke schneiden.

6. Paprika, Tomate, Mango und Erdnüsse zum Reis geben und alles gut vermischen.

7. Würze den Salat mit jeweils 1 bis 2 Prisen Salz und Pfeffer. Wenn es dir zu fad schmeckt, würze nach.

8. Den Salat vor dem Servieren vielleicht noch etwas durchziehen, also stehen lassen. Dann verbinden sich alle Zutaten und der Salat schmeckt noch besser.

DAS BRAUCHST DU DAFÜR:

- ☐ 1 Küchenwaage
- ☐ 1 Esslöffel
- ☐ 1 Salatschüssel
- ☐ 1 Schneidebrett
- ☐ 1 Küchenmesser

ZUTATEN FÜR 4 PORTIONEN:

- ☐ 150 g tiefgekühlte Mangowürfel
- ☐ 500 g gekochter Reis (entspricht etwa 200 g ungekochtem Reis)
- ☐ 3 EL Orangensaft
- ☐ 1 EL Zitronensaft
- ☐ 3 EL Balsamico bianco (italienischer weißer Balsamessig)
- ☐ 2 EL Öl
- ☐ eine halbe orange Paprikaschote
- ☐ 1 Tomate
- ☐ 3 EL Erdnusskerne
- ☐ Salz, Pfeffer

 Für den Salat brauchst du ungefähr **25 Minuten**

SO HAT'S MIR GESCHMECKT:

Konfettisalat mit Würstchenspieß

Wenn man Gemüse ganz klein schneidet, fast so klein wie Konfetti, verbindet es sich besonders gut mit der Soße. So schmeckt der Salat noch viel intensiver und leckerer als mit großen Gemüsestücken.

SO WIRD'S GEMACHT:

1. **Essig**, **Öl**, **Honig**, etwa einen viertel TL **Salz** und 1 Prise **Pfeffer** in der Salatschüssel verrühren.

2. Den **Schnittlauch** abbrausen, auf dem Schneidebrett mit dem Messer in kleine Röllchen schneiden. In die Soße geben.

3. Den **Mais** in das Sieb schütten, kurz mit Wasser abbrausen und abtropfen lassen.

4. Die **Gurke** waschen. Die **Möhre** mit dem Sparschäler schälen. Von der Gurke und der Möhre die Enden abschneiden. **Paprika** und **Tomate** waschen.

5. Die **Gurke** erst längs in breite Streifen schneiden, dann in schmale Streifen. Die Streifen in sehr kleine Würfel schneiden. Die **Möhre** ebenso erst in breite, dann in schmale Streifen und zuletzt in sehr kleine Würfel schneiden.

6. Die **Paprikaschote** in zwei Hälften schneiden. Den Stiel und die Kerne entfernen. Die Paprikahälften erst in dünne Streifen und dann in sehr kleine Würfel schneiden.

7. Die **Tomate** in Scheiben schneiden, dabei den Stielansatz wegschneiden. Die Scheiben in sehr kleine Würfel schneiden.

8. **Alle Gemüsewürfel** in die Salatschüssel geben. Den Salat gut durchmischen. Wenn du Zeit hast, lasse ihn noch etwa 30 Minuten durchziehen.

9. Die **Würstchen** mit Wasser waschen, mit Küchenpapier abtrocknen. In etwa 2 cm lange Stücke schneiden.

10. Die **Laugenstangen** in etwa 1 cm dicke Scheiben schneiden. Die Scheiben abwechselnd mit den Würstchen auf **Holzspieße** stecken. Zum Salat servieren.

PASS AUF, DASS DU BEIM ABSCHNEIDEN NICHT ABRUTSCHST, DIE MÖHRE IST VIEL HÄRTER ALS DIE GURKE.

DAS BRAUCHST DU DAFÜR:

- ☐ 1 Esslöffel und 1 Teelöffel
- ☐ 1 Salatschüssel
- ☐ 1 Schneidebrett
- ☐ 1 Küchenmesser
- ☐ 1 Sieb
- ☐ 1 Sparschäler
- ☐ Küchenpapier
- ☐ 4 Holzspieße

ZUTATEN FÜR 4 PORTIONEN:

- ☐ 3 EL Aceto balsamico (italienischer Balsamessig)
- ☐ 3 EL Öl
- ☐ 1 EL Honig
- ☐ Salz, Pfeffer
- ☐ 1 halbes Bund Schnittlauch
- ☐ 1 halbe Dose Mais (150 g)
- ☐ 1 halbe Salatgurke
- ☐ 1 Möhre
- ☐ 1 rote Paprikaschote
- ☐ 1 Tomate
- ☐ 4 Wiener Würstchen
- ☐ 2 Laugenstangen

 In etwa **35 Minuten** ist das Essen fertig

SO HAT'S MIR GESCHMECKT:

Tomatensuppe aus dem Kühlschrank

SO WIRD'S GEMACHT:

EINE COOLE SACHE, DIE SUPER SCHMECKT!

1. Stelle den Standmixer bereit und achte darauf, dass er richtig zusammengebaut ist und sicher steht (einen Erwachsenen prüfen lassen!). In der kleinen Schüssel **2 Scheiben Toastbrot** mit kaltem Wasser bedecken.

2. Die **Tomaten** waschen, auf dem Schneidebrett mit dem Messer halbieren und die Stielansätze wegschneiden. Die **Gurke** mit dem Sparschäler schälen und in dicke Stücke schneiden. Tomaten und Gurkenstücke in den **Standmixer** geben.

3. Die **Paprika** waschen und mit dem Messer der Länge nach halbieren. Den Stiel und die Kerne entfernen. Die Paprika in kleine Würfel schneiden und in den Standmixer geben.

4. Von der **Frühlingszwiebel** das untere Ende mit den weißen Wurzelfäden und die oberen weichen, dunkelgrünen Teile abschneiden. Frühlingszwiebel in kleine Stücke schneiden. Den Toast ausdrücken und mit der Frühlingszwiebel, **Essig** und **Öl** in den Mixer geben.

5. Den Mixer mit dem Deckel fest verschließen. Alle Zutaten auf höchster Stufe etwa 3 Minuten fein pürieren. Zieh den Stecker des Mixers aus der Steckdose und nimm den Mixbehälter ab. Die Suppe in die große Schüssel gießen, mit **Salz** und **Pfeffer** würzen und 1 Stunde in den Kühlschrank stellen.

6. Vor dem Servieren die übrigen beiden **Toastbrotscheiben** knusprig toasten. Die Toastbrote mit dem Messer in kleine Würfel schneiden.
Die Suppe einmal durchrühren. Auf Schälchen verteilen und mit den Toastbrotwürfeln bestreuen.

Ta-Ta!

DAS BRAUCHST DU DAFÜR:

- [ ] 1 Standmixer
- [ ] 1 kleine Schüssel
- [ ] 1 Schneidebrett
- [ ] 1 Küchenmesser
- [ ] 1 Sparschäler
- [ ] 1 Esslöffel
- [ ] 1 große Schüssel
- [ ] 1 Toaster
- [ ] 4 Schälchen

ZUTATEN FÜR 4 PORTIONEN:

- [ ] 4 Scheiben Toastbrot
- [ ] 6 große Tomaten
- [ ] 1 Salatgurke
- [ ] 1 rote Paprikaschote
- [ ] 1 Frühlingszwiebel
- [ ] 2 EL Balsamico bianco (italienischer weißer Balsamessig)
- [ ] 2 EL Öl
- [ ] Salz, Pfeffer

Etwa **35 Minuten** brauchst du für die Suppe und dann muss sie **1 Stunde** in den Kühlschrank

SO HAT'S MIR GESCHMECKT:

Gurkensuppe mit Schnittlauchbrot

SO WIRD'S GEMACHT:

1. Stelle den Standmixer bereit und achte darauf, dass er richtig zusammengebaut ist und sicher steht (einen Erwachsenen prüfen lassen!).

2. Die Salatgurke mit dem Sparschäler schälen. Dann auf dem Schneidebrett mit dem Messer in dicke Stücke schneiden. Die Stücke in den Standmixer geben.

3. Die Basilikumblättchen mit kaltem Wasser abbrausen. Joghurt und saure Sahne abwiegen und mit Basilikum, Zitronensaft und Sojasoße zur Gurke in den Mixer geben. Den Mixer mit dem Deckel fest verschließen.

4. Alle Zutaten auf höchster Stufe etwa 1 Minute zu einer feinen Suppe mixen. Wenn du die Suppe gerne schaumig magst, kannst du sie auch länger mixen. Zieh dann den Stecker des Mixers aus der Steckdose und nimm den Mixbehälter ab.

5. Würze die Suppe nach deinem eigenen Geschmack mit etwas Salz und Pfeffer. Die Suppe in Schälchen füllen.

6. Die Eier pellen: Dazu klopfst du die Eierspitze zunächst kurz auf die Arbeitsfläche und pellst dann mit den Fingern die Schale von der kaputten Stelle aus ab.

7. Die Eier auf dem Schneidebrett erst in Scheiben schneiden, dann in Würfel. Die Eierwürfel über die Suppe streuen.

8. Den Schnittlauch mit Wasser abbrausen und in kleine Röllchen schneiden.

9. Etwa ein Viertel der Schnittlauchröllchen auf die Suppe streuen.

10. Jede Brotscheibe mit 1 TL Butter bestreichen. Die Brote mit der Butterseite in die übrigen Schnittlauchröllchen auf dem Brett drücken. So bleibt der Schnittlauch am Brot haften.

11. Wenn du magst, bestreust du die Brote noch mit etwas Salz. Die Brote zur Gurkensuppe essen.

Gurke hier mal zum Schlürfen statt zum Knabbern. Und dazu ein Butterbrot mit frischem Schnittlauch – richtig gut!

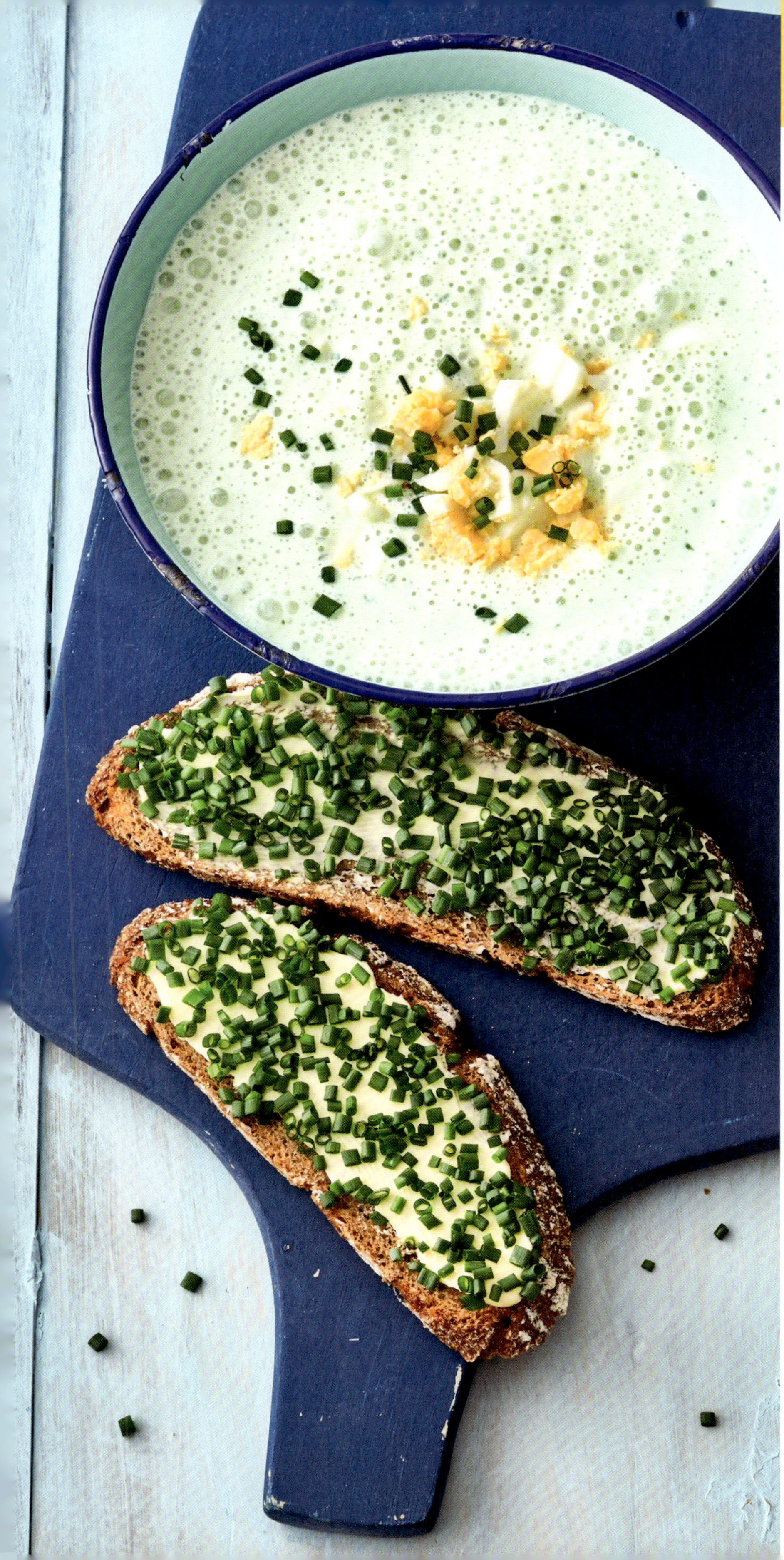

Rezept Nummer 23

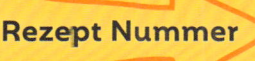

DAS BRAUCHST DU DAFÜR:

- ☐ 1 Standmixer
- ☐ 1 Sparschäler
- ☐ 1 Schneidebrett
- ☐ 1 Küchenmesser
- ☐ 1 Küchenwaage
- ☐ 1 Teelöffel
- ☐ 4 Schälchen

ZUTATEN FÜR 4 PORTIONEN:

- ☐ 1 große Salatgurke
- ☐ 1 Handvoll Basilikumblättchen (etwa 20 Stück)
- ☐ 750 g Naturjoghurt
- ☐ 200 g saure Sahne
- ☐ 4 EL Zitronensaft (frisch gepresst oder aus der Flasche)
- ☐ 3 EL Sojasoße
- ☐ Salz, Pfeffer
- ☐ 4 hart gekochte Eier (Brotzeiteier)
- ☐ 1 halbes Bund Schnittlauch
- ☐ 4 Scheiben Mischbrot
- ☐ 4 TL Butter

In **30 Minuten** ist die Suppe fertig

SO HAT'S MIR GESCHMECKT:

☆ ☆ ☆ ☆ ☆

Powerbowls

„Bowl" ist Englisch und heißt übersetzt
„Schüssel". Und da passen jede Menge
knackige und bunte Zutaten hinein.
Sie geben alle Kraft – auf Englisch: „Power"!

TIPP!

Mach dir eine Schüssel nach
deinem Geschmack: Möhren,
Avocados, Zucchini, Rote Bete,
Birnen, Melonen, Schafskäse,
Brotwürfel, Nüsse – erlaubt
ist, was dir schmeckt.

SO WIRD'S GEMACHT:

1. Die **Kichererbsen** in das Sieb schütten und mit kaltem Wasser abbrausen, bis es nicht mehr schäumt. Abtropfen lassen.

2. Die **Salatblätter** waschen, ins Sieb legen und auch etwas abtropfen lassen. **Radieschen**, **Salatgurke**, **Paprika** und **Apfel** waschen.

3. Von den **Radieschen** das Grün und die dünnen Wurzelfäden abschneiden. Die **Gurke** auf dem Schneidebrett mit dem Messer in möglichst dünne Scheiben schneiden.

4. Von der **Paprika** Stiel und Kerne entfernen. Die Paprika erst in etwa fingerbreite Streifen schneiden, dann in Stücke.

5. Den **Apfel** der Länge nach in Viertel schneiden, das Kerngehäuse wegschneiden. Die Apfelviertel in Scheiben schneiden.

6. Für die Soße den **Joghurt** abwiegen. In das Schälchen füllen und mit **Mayonnaise**, **Senf**, **Zitronensaft** und **Parmesan** mit dem Löffel verrühren.

7. Schmecke die Soße mit jeweils 1 bis 2 Prisen **Salz** und **Pfeffer** ab. Wenn dir die Soße zu fad schmeckt, würze nach.

8. **Alle Zutaten** in den Salatschalen anrichten: Am besten legst du jede Schale erst mit je 3 Salatblättern aus. Darauf kommen jeweils 3 Radieschen und je ein Viertel der Gurke, der Paprika, der Kichererbsen und des Apfels – alles getrennt und nebeneinander.

9. In die Mitte jeder Schüssel setzt du dann noch einen dicken **Klecks Soße**. Dazu passt gut Baguette oder anderes frisches Brot.

DAS BRAUCHST DU DAFÜR:

- ☐ 1 Sieb
- ☐ 1 Schneidebrett
- ☐ 1 Küchenmesser
- ☐ 1 Schälchen, ☐ 1 Esslöffel
- ☐ 1 Küchenwaage
- ☐ 4 große Salatschalen

ZUTATEN FÜR 4 PORTIONEN:

- ☐ 1 kleines Glas Kichererbsen (220 g Abtropfgewicht)
- ☐ 12 kleine Salatblätter
- ☐ 12 Radieschen
- ☐ 1 halbe Salatgurke
- ☐ 1 halbe gelbe Paprikaschote
- ☐ 1 Apfel

FÜR DIE SOSSE:

- ☐ 200 g Naturjoghurt
- ☐ 3 EL Mayonnaise
- ☐ 2 EL mittelscharfer Senf
- ☐ 2 EL Zitronensaft
- ☐ 2 EL geriebener Parmesan
- ☐ Salz, Pfeffer

Die Powerbowls sind in **30 Minuten** fertig

SO HAT'S MIR GESCHMECKT:

Gefüllte Pita-Brottaschen

Diese Brottaschen lieben Kinder. Du kannst sie randvoll mit leckeren Sachen packen. Dabei musst du dich nicht genau an das Rezept halten. Nimm einfach, was dir schmeckt und was du zu Hause hast.

SO WIRD'S GEMACHT:

1. **Thunfisch** in das Sieb geben und abtropfen lassen. **Salatblätter** mit Wasser abbrausen, dann mit Küchenpapier trocken tupfen.

2. Die **Tomaten** waschen. Auf dem Schneidebrett mit dem Messer in Scheiben schneiden. Dabei die Stielansätze wegschneiden.

3. Die **Zucchini** waschen und die Enden abschneiden. Die Zucchini mit dem Sparschäler in dünne Scheiben schneiden: Lege dazu die Zucchini vor dich auf das Schneidebrett, halte sie mit einer Hand fest und ziehe mit der anderen Hand den Sparschäler darüber.

4. Die **saure Sahne** und den **Ketchup** im Schälchen mit dem Löffel verrühren. Schmecke die Mischung nach deinem Geschmack ab: Gib jeweils 1 bis 2 Prisen **Salz** und **Pfeffer** dazu. Wenn es dir zu fad schmeckt, würze nach.

5

5. Die **Brottaschen** im Toaster nacheinander aufbacken – lass sie etwas abkühlen, bevor du sie aus dem Toaster nimmst. Die Brottaschen je nach Packungsanweisung zum Füllen öffnen: Bei manchen Sorten gibt es Einkerbungen, die du abreißen kannst, bei anderen Sorten musst du die Brottaschen an einer Seite aufschneiden.

6. Die **Teigtaschen** auseinanderdrücken und **füllen**: Stecke in jede Tasche zuerst 1 Salatblatt. Dann kommt etwas Dip und Thunfisch hinein. Stecke zuletzt Zucchini- und Tomatenscheiben in die Brote.

6

Ta-Ta!

DAS BRAUCHST DU DAFÜR:

- ☐ 1 Sieb
- ☐ Küchenpapier
- ☐ 1 Schneidebrett
- ☐ 1 Küchenmesser
- ☐ 1 Sparschäler
- ☐ 1 Schälchen
- ☐ 1 Esslöffel
- ☐ 1 Toaster

ZUTATEN FÜR 6 PORTIONEN:

- ☐ 1 Dose Thunfischfilet (120 g Abtropfgewicht)
- ☐ 6 Salatblätter (z.B. Kopfsalat)
- ☐ 2 Tomaten
- ☐ 1 kleine Zucchini
- ☐ 1 Becher saure Sahne (200 g)
- ☐ 1 EL Tomatenketchup
- ☐ Salz, Pfeffer
- ☐ 6 Pita-Brottaschen

 In **30 Minuten** sind alle Taschen zubereitet

SO HAT'S MIR GESCHMECKT:

Sonnenblumenburger

Schon mal einen Burger mit einem knusprigen Brötchen probiert? Nein? Dann wird es Zeit.

SO WIRD'S GEMACHT:

1. Die Salatblätter waschen. Mit Küchenpapier trocken tupfen.

2. Die Tomaten waschen. Auf dem Schneidebrett mit dem Messer in dünne Scheiben schneiden, dabei die Stielansätze wegschneiden.

3. Die Gewürzgurken der Länge nach in dünne Scheiben schneiden.

4. Die Brötchen aufschneiden und zusammensetzen.

Das geht so:

+ Die untere Brötchenhälfte mit 1 TL Ketchup bestreichen
+ 1 Salatblatt darauflegen
+ 1 Frikadelle darauflegen
+ Tomatenscheiben daraufgeben
+ Gurkenscheiben daraufgeben
+ die obere Brötchenhälfte mit 1 TL Senf bestreichen und darauflegen

DAS BRAUCHST DU DAFÜR:

☐ Küchenpapier
☐ 1 Schneidebrett
☐ 1 Küchenmesser
☐ 1 Teelöffel

ZUTATEN FÜR 4 STÜCK:

☐ 4 Salatblätter
☐ 2 Tomaten
☐ 2 Gewürzgurken
☐ 4 Sonnenblumenbrötchen
☐ 4 TL Tomatenketchup
☐ 4 Fleischfrikadellen oder vegetarische Frikadellen (übrige vom Mittagessen oder gekaufte)
☐ 4 TL mittelscharfer Senf

ESS-EXPERIMENT

Bereite einen Burger mit dem Sonnenblumenbrötchen und einen mit einem klassischen weichen Hamburgerbrötchen zu. Welcher schmeckt dir besser?

 In ungefähr **25 Minuten** sind die Burger belegt

SO HAT'S MIR GESCHMECKT:

Meterbrote

Riesig lang sind Baguettes, die französischen Weißbrotstangen. Da ist beim Belegen genügend Platz für bunte Abwechslung.

SO WIRD'S GEMACHT:

1. Die **Mozzarellakugeln** kurz abtropfen lassen. Auf dem Schneidebrett mit dem Messer in dünne Scheiben schneiden.

2. Die **Tomaten** waschen und in Scheiben schneiden. Dabei die Stielansätze wegschneiden.

3. Die **Kresse** im Kästchen mit der Schere abschneiden. Im Sieb kurz waschen und abtropfen lassen.

4. Die **Avocados** rundum längs einschneiden. Die Avocadohälften durch Drehen voneinander lösen. Die Kerne entfernen.

5. Die **Avocadohälften** längs durchschneiden. Das Fruchtfleisch mit dem Messer aus der Schale lösen und in dünne Streifen schneiden.

6. Das **Baguette** der Länge nach aufschneiden. Auf die Servierplatte legen und auf den Schnittflächen dünn mit **Tomatenmark** bestreichen.

7. Das Baguette **abwechselnd** mit Mozzarella, Tomaten und Avocado **belegen**.

8. Würze den Belag jeweils mit **Salz** und **Pfeffer**. Streue zum Schluss die Kresse darauf.

DAS BRAUCHST DU DAFÜR:

- ☐ 1 Schneidebrett
- ☐ 1 Küchenmesser
- ☐ 1 Schere
- ☐ 1 kleines, feines Sieb
- ☐ 1 große, längliche Servierplatte
- ☐ 1 Esslöffel
- ☐ 1 Buttermesser

ZUTATEN FÜR 4 PORTIONEN:

- ☐ 2 Kugeln Mozzarella (etwa 250 g)
- ☐ 3 Tomaten
- ☐ 1 halbes Kästchen Gartenkresse
- ☐ 2 reife Avocados
- ☐ 1 Baguette
- ☐ 5 EL Tomatenmark
- ☐ Salz, Pfeffer

 Etwa **30 Minuten** Zeit brauchst du für dieses Rezept

SO HAT'S MIR GESCHMECKT:

Dicke Pide

In der Türkei liebt man Pide, die runden, weichen Fladenbrote, die meistens mit Sesam und Schwarzkümmel bestreut sind.

SO WIRD'S GEMACHT:

1. Beide Fladenbrote auf dem Schneidebrett mit dem Messer quer halbieren. Die unteren Hälften jeweils mit Joghurt bestreichen.

2. Den Schafskäse abtropfen lassen und anschließend in kleine Würfel schneiden.

3. Die Tomaten waschen und in Scheiben schneiden, dabei die Stielansätze wegschneiden.

4. Den Spinat verlesen (also alles durchschauen und weg mit welken und kaputten Blättern). Die guten Spinatblätter waschen und in einem Sieb gut abtropfen lassen.

5. Die Kichererbsen im anderen Sieb mit kaltem Wasser abbrausen und abtropfen lassen.

6. Schafskäse, Tomaten, Spinat und Kichererbsen auf den Brothälften mit dem Joghurt verteilen. Die oberen Brothälften drüberklappen.

7. Zum Servieren halbierst du die Brote oder schneidest sie mehrmals durch, sodass wie bei einer Torte dreieckige Stücke entstehen.

DAS BRAUCHST DU DAFÜR:

☐ 1 Schneidebrett

☐ 1 Küchenmesser

☐ 1 Esslöffel

☐ 2 Siebe

ZUTATEN FÜR 2 FLADENBROTE:

☐ 2 runde Pide-Fladenbrote (je etwa 13 cm Durchmesser)

☐ 3 EL Naturjoghurt

☐ 1 Packung Schafskäse (Feta; 150 g)

☐ 2 Tomaten

☐ 1 Handvoll junger Spinat (Baby-Blattspinat)

☐ 4 EL gegarte Kichererbsen (aus dem Glas)

 In ungefähr **20 Minuten** sind die Brote fertig

SO HAT'S MIR GESCHMECKT:

Taco Shells

Warst du schon mal mexikanisch essen? Dann kennst du vielleicht Taco Shells. Die knusprigen Schalen werden aus Maismehl gebacken. Wusstest du auch, wie einfach sie sich typisch mexikanisch füllen lassen?

Seite 78

SO WIRD'S GEMACHT:

1. Den **Ketchup** in einer Schüssel mit 1 bis 2 Prisen **Salz** und **Pfeffer** mit einem Löffel verrühren. Wenn es dir zu fad schmeckt, würze nach.

2. Den **Mais** in das Sieb schütten, mit Wasser abbrausen und abtropfen lassen. Zum Ketchup geben.

3. Die **Kidneybohnen** in das Sieb schütten. Mit Wasser so lange abbrausen, bis der rötliche Sud abgewaschen ist. Abtropfen lassen und ebenfalls in die Schüssel geben.

4. Die **Paprikaschote** und die **Frühlingszwiebeln** waschen. Die Paprika auf dem Schneidebrett mit dem Messer längs halbieren. Den Stiel und die Kerne entfernen. Die Paprikahälften erst in Streifen schneiden, dann in kleine Würfel.

5. Von den **Frühlingszwiebeln** die unteren Enden mit den weißen Wurzelfäden und welke dunkelgrüne Teile abschneiden. Den Rest in feine Ringe schneiden. Mit den Paprikawürfeln in die Schüssel geben.

6. Die **Räucherwürstchen** in feine Scheiben schneiden. Die Scheiben zu den übrigen Zutaten in die Schüssel geben. Alles gut vermischen.

7. Jeweils etwa 1 Esslöffel der **sauren Sahne** in jede Taco Shell geben, dann die Bohnenmischung einfüllen.

8. Taco Shells in die Hand nehmen und **reinbeißen**.

DAS BRAUCHST DU DAFÜR:

- ☐ 2 Esslöffel
- ☐ 1 Schüssel
- ☐ 1 Sieb
- ☐ 1 Schneidebrett
- ☐ 1 Küchenmesser

ZUTATEN FÜR 4 PORTIONEN:

- ☐ 3 EL Tomatenketchup
- ☐ Salz, Pfeffer
- ☐ 1 Dose Mais (285 g Abtropfgewicht)
- ☐ 1 Dose Kidneybohnen (250 g Abtropfgewicht)
- ☐ 1 Paprikaschote (in deiner Lieblingsfarbe)
- ☐ 3 Frühlingszwiebeln
- ☐ 4 kleine Räucherwürstchen (100 g)
- ☐ 1 Becher saure Sahne (200 g)
- ☐ 12 Taco Shells (1 Packung, 135 g)

 Etwa **25 Minuten** brauchst du für die leckere Füllung

SO HAT'S MIR GESCHMECKT:

Lauter süße Sachen

Wusstest du, dass unser Körper Zucker braucht, um zu funktionieren? Am meisten davon benötigt das Gehirn – zum Denken, Fühlen und Informationen- Übertragen. Doch es muss nicht immer weißer oder brauner Zucker sein. Zucker steckt in Früchten, Gemüse, Getreide, Nüssen oder Milchprodukten. Auf den nächsten Seiten machen meistens Früchte die Gerichte süß. Und das ist viel gesünder!

Schoko-Tiramisu

Tiramisu ist italienisch und heißt „Zieh mich hoch".
Wenn jemand traurig ist, gib ihm ein Stück Tiramisu.
Dann kann er bestimmt wieder lachen.

1

SO WIRD'S GEMACHT:

2

1. **Löffelbiskuits**, **Mascarpone** und **Joghurt** abwiegen. **Mascarpone**, **Joghurt** und **Sahne** in die Rührschüssel geben. Alles mit dem Schneebesen glatt verrühren. **Nuss-Nougat-Creme**, **Kakaopulver** und **Zucker** unterrühren.

2. Die **Milch** mit dem Messbecher abmessen und in das Schälchen geben. Die Hälfte der Löffelbiskuits nacheinander darin eintauchen. Nebeneinander in die Auflaufform legen. **Wichtig: Tauche die Biskuits nur ganz kurz von beiden Seiten ein, sonst werden sie matschig.**

3

3. Eine dünne Schicht von der **Schokocreme** auf den Biskuits verteilen und glatt streichen. Achte darauf, dass du noch reichlich Creme für die obere Schicht übrig hast.

4. Die **übrigen Löffelbiskuits** nacheinander kurz in die Milch tauchen. Nebeneinander auf die Creme in der Form legen. Die **übrige Schokocreme** darauf verteilen. Die Oberfläche glatt streichen.

4

Die Form mindestens 4 Stunden in den Kühlschrank stellen, damit die Creme fest wird. Du kannst das Tiramisu auch länger im Kühlschrank lassen. Oder es schon am Tag vorher zubereiten.

DAS BRAUCHST DU DAFÜR:

☐ 1 Küchenwaage

☐ 1 große Rührschüssel

☐ 1 Esslöffel

☐ 1 Schneebesen

☐ 1 Messbecher

☐ 1 Schälchen

☐ 1 rechteckige Auflaufform (etwa 30 × 20 cm)

☐ 1 kleines, feines Sieb

5. Vor dem Servieren das **Kakaopulver** in das Sieb füllen. Die Creme damit bestreuen.

ZUTATEN FÜR ETWA 10 STÜCKE:

☐ 300 g Löffelbiskuits

☐ 500 g Mascarpone

☐ 500 g Rahmjoghurt

☐ 5 EL Sahne

☐ 4 EL Nuss-Nougat-Creme

☐ 2 EL ungesüßtes Kakaopulver + 1–2 EL Kakaopulver zum Bestreuen

☐ 2 EL Zucker

☐ 150 ml Milch

☐ Himbeeren zum Dekorieren

6. Wer mag, **dekoriert** das Tiramisu noch mit frischen Himbeeren.

Ta-Ta!

Ist in etwa **30 Minuten** fertig und muss dann etwa **4 Stunden** in den Kühlschrank

SO HAT'S MIR GESCHMECKT:

Bananenboot

Eine extragroße Portion Eis! Die kannst du gemeinsam mit deiner besten Freundin oder deinem besten Freund löffeln.

SO WIRD'S GEMACHT:

1. Die Banane schälen. Die Banane auf dem Schneidebrett mit dem Messer der Länge nach in 2 Hälften schneiden.

2. Die Eiskugeln nebeneinander in einer Reihe auf den Teller setzen.

3. Die Bananenhälften mit der Schnittfläche jeweils seitlich an die Eiskugeln drücken. Die Spitzen der Banane sollen nach oben zeigen – so schaut das Ganze aus wie ein Boot.

4. Etwas Schokosoße auf den Löffel geben und damit langsam Linien über die Bananenhälften und das Eis laufen lassen.

5. Nun das Boot dekorieren: Stecke in die mittlere Eiskugel ein Waffelröllchen als Mast für das Segel. Dann steckst du die dreieckigen Waffeln als Segel in das Eis. Zuletzt steck noch ein Fähnchen dazu.

DAS BRAUCHST DU DAFÜR:

☐ 1 Schneidebrett
☐ 1 Küchenmesser
☐ 1 Eisportionierer
☐ 1 Teller
☐ 1 Teelöffel

ZUTATEN FÜR EIN BOOT:

☐ 1 Banane
☐ 3 große Kugeln Eis (deine Lieblingssorten)
☐ Schokosoße für die Deko
☐ 1 Waffelröllchen
☐ 3 dreieckige Eiswaffeln (Fächer-Eiswaffeln)
☐ Deko-Fähnchen

TIPP!

Klebe ein Stückchen Papier oder buntes Klebeband an einen Zahnstocher. Schon hast du ein selbst gebasteltes Deko-Fähnchen.

 Ungefähr **10 Minuten**, länger brauchst du nicht für das coole Boot

SO HAT'S MIR GESCHMECKT:

Eis am Stiel

Was schmeckt dir besser: selbst gemachtes oder gekauftes Eis?
Starte den Selbstversuch.

SO WIRD'S GEMACHT:

1. Stelle den **Standmixer** bereit und achte darauf, dass er richtig zusammengebaut ist und sicher steht (einen Erwachsenen prüfen lassen!).

2. **Joghurt** und **Mascarpone** abwiegen und in den Standmixer geben.

3. Die **Erdbeeren** abwiegen, waschen und die Blätter entfernen. Die Früchte in den Standmixer geben.

4. **Zucker**, **Honig** und **Zitronensaft** dazugeben. Den Deckel des Mixers fest verschließen. Die Zutaten auf höchster Stufe 1 bis 2 Minuten sehr fein pürieren.

5. **Zieh den Stecker** des Mixers aus der Steckdose und nimm den Mixbehälter ab. Die Eismasse in kleine Förmchen oder Espressotassen verteilen.

6. Ins **Tiefkühlfach** stellen und die Masse darin etwa 1 Stunde 30 Minuten gefrieren lassen.

7. Dann in die schon angefrorene Masse je 1 **Holzstäbchen** als Stiel in die Mitte stecken. Du hast keine Stäbchen? Stecke einfach einen kleinen Löffel mit dem Griff nach oben hinein.

8. Das Eis wieder in das **Tiefkühlfach** stellen und in etwa 1 Stunde 30 Minuten ganz fest werden lassen. Du kannst es natürlich auch länger darin lassen.

9. Die Förmchen oder Tassen kurz in etwas warmes Wasser tauchen und das **Eis am Stiel herauslösen**.

DAS BRAUCHST DU DAFÜR:

- ☐ 1 Standmixer
- ☐ 1 Küchenwaage
- ☐ 1 Esslöffel
- ☐ 6–8 Portionsförmchen oder Espressotassen
- ☐ 6–8 Holzstäbchen für Eis am Stiel oder kleine Löffel

ZUTATEN FÜR 6–8 PORTIONSFÖRMCHEN ODER ESPRESSOTASSEN:

- ☐ 150 g Naturjoghurt
- ☐ 100 g Mascarpone
- ☐ 250 g Erdbeeren
- ☐ 1 EL Zucker
- ☐ 2 EL Honig
- ☐ 1 EL Zitronensaft

 In etwa **20 Minuten** ist die Eismasse zubereitet. Dann müssen die Förmchen etwa **3 Stunden** ins Tiefkühlfach

SO HAT'S MIR GESCHMECKT:

Das Küchenlabor

Mit einfachen Lebensmitteln kann man spannende Experimente machen. Und verblüffende Ergebnisse bekommen. Unbedingt ausprobieren!

Kunterbunte Eiswürfel

Einfache Eiswürfel aus Wasser kühlen gut, sind aber langweilig. Entdecke, was man alles in Wasser oder auch mal in Saft einfrieren kann, und finde die Antwort auf die Frage, ob Wasser mehr oder weniger Platz braucht, wenn man es einfriert.

ERSTES ESS-EXPERIMENT

Dafür brauchst du:

☐ verschiedene Lebensmittel (z.B. Kräuterblättchen, Beeren oder klein geschnittene Früchte, Gummibärchen)

☐ Flüssigkeit (z.B. Wasser oder Fruchtsaft)

☐ Eiswürfelbehälter

– – – – – – – – – – – – – – – – –

So wird's gemacht:

1. Verteile verschiedene Lebensmittel in die Vertiefungen der Eiswürfelbehälter und fülle sie mit Wasser oder Saft auf. Achte darauf, dass die Vertiefungen nicht ganz bis zum Rand mit Flüssigkeit gefüllt sind.

2. Friere die Eiswürfel über Nacht ein.

3. Am nächsten Tag hast du nicht nur bildschöne Eiswürfel für deine Getränke, sondern siehst auch, dass sich die Flüssigkeit in den Vertiefungen ausgedehnt hat.

AHA!

Wasser braucht beim Einfrieren mehr Platz. Das ist der Grund, warum im Winter auf den Straßen Schlaglöcher entstehen. Wasser dringt in die Ritzen und Spalten des Betons, dehnt sich aus und bringt den Beton zum Platzen.

Selbst gemachte Eismaschine

Alte Eismaschinen hatten eine doppelte Wand mit einem Zwischenraum. In diesen Spalt kam eine Mischung aus zerstoßenen Eiswürfeln und Salz. Weil das Salz die Eiswürfel kälter macht, kann man in kurzer Zeit Zutaten für leckeres Eis gefrieren lassen. Hier kannst du dir selbst eine Eismaschine nach altem Vorbild machen.

ZWEITES ESS-EXPERIMENT

Dafür brauchst du:

- ☐ 50 g Sahne
- ☐ etwas Zucker oder Vanillezucker
- ☐ kleine Schüssel
- ☐ große Schüssel
- ☐ 20–30 Eiswürfel
- ☐ 5–6 EL Salz

So wird's gemacht:

1. Die Sahne mit dem Zucker in einer kleinen Schüssel verrühren.

2. Eine größere Schüssel füllst du mit Eiswürfeln. Streue jetzt das Salz über das Eis und rühre alles einmal kräftig um.

3. Jetzt stellst du die kleine Schüssel in die große und drückst die Schüssel in die Eiswürfel und zwar so, dass die Ränder vom Eis umgeben sind.

4. Und nun heißt es: so lange rühren, bis die Sahnemischung fest wird. **Probiere das Eismaschinen-Experiment auch mal mit Joghurt oder Fruchtsaft.**

Sauer-Ei

„Trink nicht so viel Limo, das ist schlecht für die Zähne", haben deine Eltern vielleicht schon ein-mal zu dir gesagt. Was das mit unserem Experiment zu tun hat, in dem wir ein Ei in Essig legen? Wie Eierschalen bestehen unsere Zähne zum größten Teil aus Kalk. So wie Essig nach und nach die Eierschale auflöst, greifen Säuren – etwa von Saft, Limo oder Süßigkeiten – deine Zähne an.

DRITTES ESS-EXPERIMENT

Dafür brauchst du:

☐ 1 Ei

☐ 1 Glas oder Schälchen

☐ 200–400 ml Essig

So wird's gemacht:

1. Als Erstes musst du das Ei in einem Glas oder Schälchen völlig mit Essig bedecken. Jetzt lass es mindestens einen Tag darin liegen – manchmal dauert es auch zwei Tage.

2. **Du wirst feststellen:** Der Essig löst die Ei-erschale, die aus Kalk besteht, völlig auf (so wie man mit Essig auch den Kalk aus dem Wasserkocher entfernen kann).

   + Übrig bleibt beim Ei die flexible Haut, die den flüssigen Inhalt zusammenhält.

   + Man kann das Ei jetzt vorsichtig – am besten über dem Spülbecken – drücken und verformen und sogar wie einen Flummi aufspringen lassen. Aber auf-passen: Früher oder später wird das Ei-häutchen platzen. Dann gibt's die Sauerei mit Sauer-Ei.

Butter selbst machen

Weißt du, dass man Butter aus Sahne macht? Man braucht dafür die Sahne nur lange genug zu rühren oder zu schütteln. In diesem Experiment machen wir das mit einem Marmeladenglas. Ist etwas mühsam. Aber: Man sieht Schritt für Schritt, was beim „Buttern", wie das Buttermachen auch genannt wird, passiert.

VIERTES ESS-EXPERIMENT

Dafür brauchst du:

- ☐ 100 g kalte Sahne
- ☐ 1 Glas mit Schraubdeckel (z.B. Marmeladenglas)
- ☐ kleines, feines Sieb

— — — — — — — — — — — —

So wird's gemacht:

1. Fülle die kalte Sahne in das saubere Glas. Schraube den Deckel fest zu. Jetzt musst du die Sahne im Glas 20 bis 30 Minuten kräftig schütteln.

2. Erst entsteht schaumige Schlagsahne. Nach und nach setzt sich die Buttermilch ab und ein Butterklumpen entsteht.

3. Lass die Butter in einem kleinen Sieb abtropfen. Die leckere Butter reicht für etwa 4 Scheiben Brot.

4. Willst du aus einer größeren Menge Sahne Butter machen, musst du einfach noch länger schütteln.

Lange Haare zurückbinden!

AHA!

Wenn ein Erwachsener dabei ist, kannst du schneller Butter aus der Sahne machen, wenn du ein Handrührgerät mit Quirlen verwendest. Schlage die Sahne dann in einer Rührschüssel so lange, bis daraus ein fester Butterklumpen geworden ist.

Waffelzüge

Das ist fast schon ein echter Eilzug: Mit Waffeln aus dem Supermarkt zaubert ihr blitzschnell die lustige Lokomotive mit Anhänger auf den Teller!

SO WIRD'S GEMACHT:

1. Die **Heidelbeeren** waschen und in einem Sieb abtropfen lassen. Die **Himbeeren** vorsichtig abbrausen (dabei nicht quetschen!) und in einem weiteren Sieb abtropfen lassen.

2+3+4

2. Die **großen Waffeln** auf dem Schneidebrett mit dem Messer vorsichtig in die kleinen Waffeln teilen (ergibt 8 kleine Waffeln). 5 der kleinen Waffeln ganz lassen, 3 längs halbieren.

3. Von den **ganzen Waffeln** jeweils eine Ecke herausschneiden, und zwar **3 Waffelwaben nach rechts** und **2 Waffelwaben nach oben**. Die Waffeln als Lok auf große Teller legen.

4. Von den **ausgeschnittenen Ecken je 2 Waffelwaben** abschneiden und als Schornsteine an die Waffelloks setzen. Die längs halbierten Waffeln kommen als Waggons hinter die Loks. Waffelreste auffuttern.

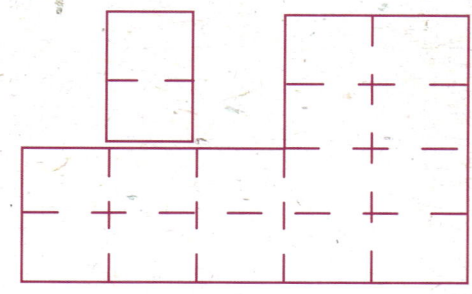

DAS BRAUCHST DU DAFÜR:

☐ 2 Siebe

☐ 1 Schneidebrett

☐ 1 Küchenmesser

☐ 5 große Teller

☐ 1 Teelöffel

ZUTATEN FÜR 5 ZÜGE:

☐ 80 g Heidelbeeren

☐ 150 g Himbeeren

☐ 1 Packung eckige Frischei-
Waffeln (etwa 170 g,
2 große Waffeln)

☐ 100 g Naturjoghurt

5. Lege die **Heidelbeeren** als Räder an. Eine Beere als Kopf des Lokomotivführers auf die Lok setzen. Als Ladung legst du die **Himbeeren** über die Waggons.

6. Kleckse mit dem Teelöffel noch Wölkchen aus **Joghurt** als Dampf über die Schornsteine.

Tut, tut!

In etwa **30 Minuten** sind die Züge zum Auffuttern bereit

SO HAT'S MIR GESCHMECKT:

Melonenpizza

Wer sagt denn, dass Pizza immer mit Teig und herzhaft sein muss? Hier kommt der Beweis, dass es auch fruchtig und süß geht!

SO WIRD'S GEMACHT:

1. Jede **Wassermelonenscheibe** auf einen großen Teller legen und mit dem Messer wie eine Pizza in 6 dreieckige Stücke schneiden.

2. Dafür schneidest du jede **Melonenscheibe** erst einmal quer in 2 Hälften. Dann schneidest du jede Hälfte in 3 Stücke.

3. Den **Joghurt** abwiegen. Mit dem **Honig** in ein Schälchen geben und alles gut verrühren.

4. Auf jedes Melonenstück 1 kleinen Klecks **Honigjoghurt** geben.

Wichtig:

Die Schale der Melone ist sehr hart. Um für die Pizza von der Frucht 2 Scheiben abzuschneiden, brauchst du unbedingt ein großes Küchenmesser und Erfahrung. Lass dir die Scheiben deshalb wirklich unbedingt von einem Erwachsenen schneiden!

5. Alle **Beeren** verlesen, in einem Sieb waschen und abtropfen lassen.

6. Von den **Erdbeeren** die Blätter entfernen. Die Erdbeeren klein schneiden.

7. **Aprikosen** auf dem Schneidebrett rundherum mit einem Messer einschneiden, die Fruchthälften durch Drehen voneinander lösen und die Steine entfernen.

8. **Aprikosenhälften** erst in Spalten schneiden, dann in kleine Stücke.

9. Die Melonenpizza gleichmäßig mit den Früchten **belegen**.

AHA!
Bestreue die Pizza zuletzt noch mit gehackten Mandeln. Dann knuspert es schön.

DAS BRAUCHST DU DAFÜR:

- ☐ **2 große Teller**
- ☐ **1 Küchenmesser**
- ☐ **1 Küchenwaage**
- ☐ **1 Schälchen**
- ☐ **1 Esslöffel**
- ☐ **1 Teelöffel**
- ☐ **1 Sieb**
- ☐ **1 Schneidebrett**

ZUTATEN FÜR 2 PIZZEN:

- ☐ **2 dicke Scheiben Baby-Wassermelone (etwa 2 cm dick; von einem Erwachsenen schneiden lassen!)**
- ☐ **200 g Rahmjoghurt**
- ☐ **1 TL Honig**
- ☐ **100 g Heidelbeeren**
- ☐ **100 g Erdbeeren**
- ☐ **2 Aprikosen**

 In ungefähr **25 Minuten** sind die Pizzen fertig belegt

SO HAT'S MIR GESCHMECKT:

Schichtdessert im Glas

Wie schmeckt euch dieses Dessert am besten?
Schicht für Schicht oder einmal durchgerührt?
Probiert es aus!

SO WIRD'S GEMACHT:

1. **Alle Zutaten** abwiegen und bereit stellen.

2. Die **Heidelbeeren** in einem Sieb mit Wasser abbrausen, kurz abtropfen lassen.

3. Die **Himbeeren** in einem weiteren Sieb vorsichtig abbrausen (nicht quetschen!) und abtropfen lassen.

4. In jedes Glas jeweils 2 **Haferflockenkekse** bröseln. Entscheide selbst, ob du lieber große oder kleine Stückchen magst.

5. Den **Heidelbeerjoghurt** gleichmäßig mit dem Esslöffel auf die vier Gläser verteilen und die Heidelbeeren daraufstreuen.

6. Dann den **Rahmjoghurt** gleichmäßig auf die Gläser verteilen und die **Himbeeren** nebeneinander daraufsetzen.

7. Jeweils 1 TL **gehackte Mandeln** auf den Schichtdesserts verteilen. Zum Schluss etwas Puderzucker darübersieben.

DAS BRAUCHST DU DAFÜR:

- ☐ 1 Küchenwaage
- ☐ 2 Siebe
- ☐ 4 Trinkgläser oder Gläser mit Schraubdeckel (z.B. Marmeladenglas)
- ☐ 1 Esslöffel
- ☐ 1 Teelöffel
- ☐ 1 kleines, feines Sieb

ZUTATEN FÜR 4 GLÄSER:

- ☐ 100 g Heidelbeeren
- ☐ 100 g Himbeeren
- ☐ 300 g Heidelbeerjoghurt
- ☐ 300 g Rahmjoghurt
- ☐ 8 Haferflockenkekse (etwa 100 g)
- ☐ 4 TL gehackte Mandeln
- ☐ etwas Puderzucker zum Bestäuben

TIPP!

Bereite den Nachtisch am besten immer mit den Früchten zu, die gerade zur Jahreszeit passen. Einen Saisonkalender findest du auf Seite 130.

 In ungefähr **20 Minuten** ist das Dessert im Glas

SO HAT'S MIR GESCHMECKT:

Kekstörtchen

Einfacher geht's nicht. Leckerer auch nicht!
Und wenn die Erdbeerzeit vorbei ist, nimmst
du einfach andere Lieblingsfrüchte!

SO WIRD'S GEMACHT:

1. Die **Erdbeeren** abwiegen. Die Früchte waschen und
abtropfen lassen. Die Blätter entfernen.

2. Den **Ricotta** abwiegen. In die kleine Schüssel füllen
und den **Puderzucker** mit dem Esslöffel dazugeben.
Beides mit dem Schneebesen zu einer glatten
Creme verrühren.

3. Von den **Erdbeeren** 8 Stück ganz lassen und beiseitelegen. Die übrigen Erdbeeren auf dem Schneidebrett mit dem Messer in Scheiben schneiden.

4. Jedes Törtchen setzt du so zusammen: 1 TL **Ricotta**
auf 1 **Butterkeks** klecksen. Mit 1 **Erdbeerscheibe**
belegen. Dann 1 **Butterkeks** daraufsetzen, wieder
1 TL **Ricotta** daraufklecksen, wieder 1 Erdbeerscheibe
und 1 **Keks** darüberlegen.

5. Als Abschluss 1 Tupfen **Ricotta** auf den obersten
Keks geben und 1 ganze **Erdbeere** daraufsetzen.

6. Zum Schluss etwas **Puderzucker** darübersieben.
**Bald naschen, denn bei längerem Stehen weichen
die Kekse auf!**

DAS BRAUCHST DU DAFÜR:

- ☐ 1 Küchenwaage
- ☐ 1 Sieb
- ☐ 1 kleine Schüssel
- ☐ 1 Esslöffel
- ☐ 1 Schneebesen
- ☐ 1 Schneidebrett
- ☐ 1 Küchenmesser
- ☐ 1 Teelöffel
- ☐ 1 kleines, feines Sieb

ZUTATEN FÜR 8 STÜCK:

- ☐ **200 g Erdbeeren**
- ☐ **250 g Ricotta**
- ☐ **2 EL Puderzucker**
- ☐ **24 Butterkekse**
- ☐ **Puderzucker zum Bestäuben**

 Die Törtchen sind in
knapp **30 Minuten** zu-
bereitet

SO HAT'S MIR GESCHMECKT:

Schmetterlingskuchen

Der perfekte Kuchen zum Muttertag, Vatertag, Geburtstag. Oder wann immer du sonst jemandem eine Freude machen möchtest.

SO WIRD'S GEMACHT:

1. Alle Zutaten abwiegen und bereitstellen. Auf den Boden der Springform das **Öl** geben und mit dem Backpinsel gleichmäßig verstreichen.

2. Die **Mandarinen** in das Sieb schütten und abtropfen lassen. 20 Mandarinenstücke für die Deko auf dem kleinen Teller beiseitestellen.

3. Die **Kekse** in den Gefrierbeutel geben und den Beutel verschließen. Die Kekse fein zermahlen: Rolle dafür mit dem Nudelholz immer wieder darüber.

4. Die **Keksbrösel** in die kleine Schüssel füllen, die weiche **Butter** dazugeben und mit den Fingern gründlich unterkneten.

5. Die **Bröselmasse** in die Backform geben, mit den Fingern gleichmäßig auf dem Boden der Form verteilen und gut festdrücken.

6. **Doppelrahmfrischkäse**, **Quark** und **Puderzucker** in der großen Schüssel mit dem Schneebesen zu einer glatten Creme verrühren.

7. Die **Mandarinen** aus dem Sieb unterrühren, sie sollen dabei ruhig zermatschen.

8. Die **Masse** auf die Keksbrösel geben und mit einem Löffel glatt streichen. Den Kuchen etwa **3 Stunden im Kühlschrank** fest werden lassen.

9. Vor dem Servieren die Mandarinen für die **Deko** als Schmetterlinge auf dem Kuchen verteilen. Dafür immer 2 Mandarinen jeweils mit der runden Seite aneinandersetzen.

DAS BRAUCHST DU DAFÜR:

- ☐ 1 Küchenwaage
- ☐ 1 Springform (26 cm Durchmesser)
- ☐ 1 Teelöffel
- ☐ 1 Backpinsel
- ☐ 1 Sieb
- ☐ 1 kleiner Teller
- ☐ 1 großer Gefrierbeutel
- ☐ 1 Nudelholz
- ☐ 1 kleine und 1 große Schüssel
- ☐ 1 Schneebesen

ZUTATEN FÜR 12 STÜCKE:

- ☐ 1 TL Öl zum Fetten der Form
- ☐ 1 große Dose Mandarinen (etwa 480 g Abtropfgewicht)
- ☐ 250 g Haferflockenkekse
- ☐ 70 g weiche Butter
- ☐ 400 g Doppelrahmfrischkäse
- ☐ 500 g Magerquark
- ☐ 60 g Puderzucker

 In ungefähr **30 Minuten** fertig, muss dann **3 Stunden** im Kühlschrank fest werden

SO HAT'S MIR GESCHMECKT:

Cakepop-Frösche

Zugegeben: Etwas Zeit brauchst du schon für diese lustigen Frösche. Aber einfach nachzumachen sind sie trotzdem. Probiere es aus!

SO WIRD'S GEMACHT:

TIPP!

Die Zuckerschrift fließt besser, wenn du die geschlossene Tube vorher gut durchknetest. Damit beim Aufmalen nichts schiefgeht, übe das Maul vorher auf Papier.

Wenn du den Guss nicht selbst anrühren möchtest, kannst du auch fertige grüne Kuchenglasur im Supermarkt kaufen.

1. Den **Kuchen** abwiegen und in die große Schüssel geben. Dann mit den Fingern ganz fein zerbröseln. Den **Frischkäse** abwiegen und zu den Kuchenbröseln geben. Alles mit den Fingern durchkneten, bis die Masse ohne Klümpchen ist.

2. Die **Waffelbecher** nebeneinander auf das Küchenbrett stellen. Aus der Kuchenmasse **8 Kugeln** (etwa so groß wie Tischtennisbälle) formen. Dafür jeweils etwas Masse mit den Fingern abzupfen und zwischen den Handflächen rund rollen. Fertige Kugeln auf die Waffelbecher setzen.

3. Den **Puderzucker** in einem Schälchen abwiegen und mit **2 EL Zitronensaft** und **1 Spritzer grüner Lebensmittelfarbe** zu einem glatten Guss verrühren. Der Guss sollte nicht zu flüssig sein, eher dick. Ist er beim Rühren noch zu fest, tropfenweise Zitronensaft unterrühren.

DAS BRAUCHST DU DAFÜR:

- ☐ 1 Küchenwaage
- ☐ 1 große Schüssel
- ☐ 1 kleine Schüssel
- ☐ 1 Küchenbrett
- ☐ 1 Schälchen
- ☐ 1 Esslöffel
- ☐ 1 Messer oder Holzspatel

4. **Verziere** einen Becher nach dem anderen **mit Zuckerguss**: Gib dafür etwas Zuckerguss auf die Kugel, halte den Becher fest und verstreiche den Guss mit dem Messer oder Holzspatel. **Wenn der Zuckerguss antrocknet, lässt er sich nicht mehr gut verteilen!**

ZUTATEN FÜR 8 STÜCK:

- ☐ 200 g Rührkuchen (Sandkuchen oder Zitronenkuchen, aus dem Supermarkt oder selbst gebacken)
- ☐ 100 g Doppelrahmfrischkäse
- ☐ 8 kleine Waffelbecher mit Schokorand
- ☐ 90 g Puderzucker
- ☐ 2–3 EL Zitronensaft
- ☐ grüne Lebensmittelfarbe
- ☐ 16 Zucker-Augen
- ☐ Zuckerschrift

5. Den **Guss** 2 bis 3 Minuten antrocknen lassen. Dann – solange der Zuckerguss noch feucht ist – vorsichtig je **2 Zucker-Augen** oben auf die Kugeln in den Zuckerguss drücken. Den Guss ganz trocknen lassen. Mit **Zuckerschrift** auf jeden Frosch ein breites Maul malen.

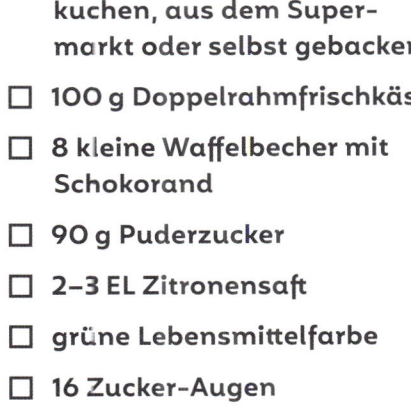

Die Frösche sind in ungefähr **55 Minuten** fertig und müssen dann noch trocknen

Ta–Ta!

SO HAT'S MIR GESCHMECKT:

Coole Drinks

Als tägliche Durstlöscher gibt es Wasser,
Tee oder Schorle. Die Getränke in diesem Kapitel
sind für besondere Tage gedacht. Man genießt
sie ganz in Ruhe, Schluck für Schluck.
Allein oder in netter Gesellschaft. Zum Beispiel
nach einer Schulaufgabe, in den Ferien mit
seinen Freunden oder sonntags mit der Familie.
Also an die Strohhalme, fertig, los!

Powersmoothie

SO WIRD'S GEMACHT:

1. Stelle den **Standmixer** bereit und achte darauf, dass er richtig zusammen-gebaut ist und sicher steht (einen Er-wachsenen prüfen lassen!). Die **Banane** schälen, auf dem Schneidebrett mit dem Messer in dicke Stücke schneiden und in den Standmixer geben.

2. Die **Haferflocken** hineinstreuen. Die **Heidel-beeren** abwiegen. In dem Sieb waschen und kurz abtropfen lassen. Das **Wasser** und den **Apfelsaft** mit dem Messbecher abmessen. Beides mit den Heidel-beeren in den Mixer geben.

3. Die **Kokosmilch** in der Dose mit dem Löffel um-rühren. In den Mixer geben. Den Deckel des Mixbe-hälters fest verschließen. Die Zutaten auf höchster Stufe **etwa 1 Minute** fein pürieren.

4. **Probiere den Smoothie:** Ist er dir nicht süß genug, gib noch den **Honig** dazu. Ist er dir zu dickcremig, gieße noch etwas Wasser dazu. Mixe den **Smoothie** noch mal kurz durch.

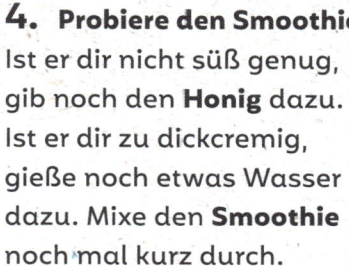

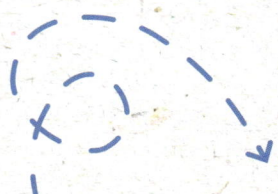

5. **Zieh den Stecker des Mixers** aus der Steckdose und nimm den Mixbehälter ab. **Smoothie** in Gläser gießen. Wenn du magst, gib ein paar Eiswürfel dazu.

5

DAS BRAUCHST DU DAFÜR:

☐ 1 Standmixer

☐ 1 Schneidebrett

☐ 1 Küchenmesser

☐ 1 Küchenwaage

☐ 1 Sieb

☐ 1 Esslöffel

☐ 1 Messbecher

☐ 4 Trinkgläser

☐ 1 Holzstäbchen
(ein Löffelstiel geht auch)

6

ZUTATEN FÜR ETWA 4 GLÄSER:

☐ 1 Banane

☐ 4 EL feine Haferflocken

☐ 200 g Heidelbeeren

☐ 200 ml Wasser

☐ 100 ml Apfelsaft

☐ 1 kleine Dose Kokosmilch
(200 ml)

☐ 1 EL Honig (wenn du magst)

☐ Eiswürfel (wenn du magst)

☐ 4 EL Naturjoghurt

6. Kleckse je einen Löffel **Joghurt** ins Glas und rühre mit dem Holzstäbchen (oder dem Löffelstiel) ein Muster in den Smoothie. Nur kurz umrühren, sonst vermischt sich der Joghurt vollständig mit dem Smoothie.

TIPP!
Im Winter ersetzt du die Beeren durch 2 geschälte Orangen oder 4 Mandarinen.

In etwa **20 Minuten** ist der Smoothie im Glas

SO HAT'S MIR GESCHMECKT:

☆ ☆ ☆ ☆ ☆

Limonade

Sieht schön aus und ist viel erfrischender als gekaufte Limo. Teste es selbst!

SO WIRD'S GEMACHT:

1. Die Zitronen waschen. Auf dem Schneidebrett mit dem Messer jeweils quer in 2 Hälften schneiden. 1 Zitronenhälfte in Scheiben schneiden.

2. Aus den restlichen Zitronenhälften den Saft mit der Zitruspresse auspressen.

3. Den Zitronensaft mit dem Holunderblütensirup im Saftkrug mit dem Löffel verrühren.

4. Den Minzezweig mit kaltem Wasser abbrausen. Dann zusammen mit den Zitronenscheiben in den Krug geben.

5. Das Mineralwasser mit dem Messbecher abmessen. Dazugießen und alles umrühren. Wenn du magst, gib ein paar Eiswürfel dazu.

6. Lass die Limonade vor dem Trinken noch 5 bis 10 Minuten stehen, damit das Wasser den Geschmack der übrigen Zutaten annimmt.

DAS BRAUCHST DU DAFÜR:

- ☐ 1 Schneidebrett
- ☐ 1 Küchenmesser
- ☐ 1 Zitruspresse
- ☐ 1 Saftkrug (1 l Inhalt)
- ☐ 1 Esslöffel
- ☐ 1 Messbecher

ZUTATEN FÜR ETWA 5 GLÄSER:

- ☐ 2 Bio-Zitronen
- ☐ 4 EL Holunderblütensirup
- ☐ 1 Zweig Minze
- ☐ 900 ml kaltes Mineralwasser
- ☐ Eiswürfel (wenn du magst)

TIPP!

Limonade kannst du auch mit anderen Früchten selbst machen. Im Sommer zum Beispiel mit pürierten frischen Erdbeeren oder Himbeeren.

 10 Minuten, mehr Zeit brauchst du nicht für die leckere Limo

SO HAT'S MIR GESCHMECKT:

Rezept 41 ▸ HAIFISCHBECKEN

1. Für 2 Gläser 6 **Gummibonbons** in Haifischform auf 6 **Holz- oder Cocktailstäbchen** spießen.

2. Je 3 Spieße in ein Glas stellen, klare **Zitronenlimonade** darübergießen und je 1 **Gummibärchen** an den Rand des Haifischbeckens setzen.

TIPP!

Wenn das Bärchen nicht kleben bleibt, musst du es unten leicht einschneiden und an den Glasrand stecken – schließlich soll es ja nicht ins Becken fallen ...

SO HAT'S MIR GESCHMECKT:

☆ ☆ ☆ ☆ ☆

Rezept 42 ▸ LONGDRINK MIT NUDEL

1. Für 2 hohe Gläser 200 g **Erdbeeren** waschen und die Blätter entfernen. Mit 2 EL **Zucker** und 3 EL **Zitronensaft** im **Standmixer** fein pürieren.

2. Je 3 **Eiswürfel** in die Gläser geben, das Erdbeerpüree einfüllen und mit **Mineralwasser** aufgießen.

3. Einmal umrühren. Je 1 **Bio-Zitronenscheibe** ein Stückchen einschneiden und an den Glasrand stecken.

4. Erdbeerdrink mit je 2 ungekochten **Makkaroni-Nudel** als Strohhalm servieren.

SO HAT'S MIR GESCHMECKT:

☆ ☆ ☆ ☆ ☆

Fundrinks ... DURSTLÖSCHER, DIE SPASS MACHEN!

Rezept 43 > GLITZERCOCKTAIL

1. Für 2 Cocktailgläser auf einen Teller **bunten Dekorzucker** (in deiner Lieblingsfarbe) geben.

2. 1 **Zitronenviertel** in der Mitte ein Stück einschneiden, auf den Glasrand setzen und mehrmals damit um den Rand herumfahren.

3. Die Zitrone weglegen und den feuchten Glasrand vorsichtig in den bunten Zucker drücken. Das zweite Glas ebenso mit einem Zuckerrand dekorieren.

4. In einem Kännchen 200 ml **Ananassaft**, 100 ml **Orangensaft** und 100 ml **Bananennektar** verrühren.

5. Verteile den Cocktail auf die Gläser und gib noch ein paar **Eiswürfel** dazu. Achte dabei darauf, dass du den Zuckerrand nicht verwischst.

SO HAT'S MIR GESCHMECKT:

☆ ☆ ☆ ☆ ☆

ZUTATEN FÜR 2 HAIFISCHBECKEN:

- ☐ 6 Gummibonbons in Haifischform
- ☐ 6 Holz- oder Cocktailstäbchen
- ☐ Zitronenlimonade
- ☐ 2 Gummibärchen

ZUTATEN FÜR 2 LONGDRINKS MIT NUDEL:

- ☐ 200 g Erdbeeren
- ☐ 2 EL Zucker
- ☐ 3 EL Zitronensaft
- ☐ 6 Eiswürfel
- ☐ Mineralwasser
- ☐ 2 Bio-Zitronenscheiben
- ☐ 4 ungekochte Makkaroni-Nudeln

ZUTATEN FÜR 2 GLITZERCOCKTAILS:

- ☐ bunter Dekorzucker
- ☐ 1 Zitronenviertel
- ☐ 200 ml Ananassaft
- ☐ 100 ml Orangensaft
- ☐ 100 ml Bananennektar
- ☐ Eiswürfel

Schoko-Shake

Blitzschnell fertig, herrlich schokoladig und durch die Bananen extracremig. Und obendrauf kommt geraspelte Schokolade in deiner Lieblingssorte.

SO WIRD'S GEMACHT:

1. Stelle den Standmixer bereit. Achte darauf, dass er richtig zusammengebaut ist und sicher steht (einen Erwachsenen prüfen lassen!).

2. Die Bananen schälen. Auf dem Schneidebrett mit dem Messer in dicke Stücke schneiden.

3. Die Bananenstücke mit dem Eis und der Milch in den Mixbehälter füllen.

4. Den Deckel des Mixbehälters fest verschließen. Alles auf höchster Stufe etwa 1 Minute fein pürieren.

5. Zieh den Stecker des Mixers aus der Steckdose und nimm den Mixbehälter ab.

6. Den Milchshake in die Gläser verteilen.

7. Als Dekoration auf der Küchenreibe etwas Schokolade über den Shake reiben – entweder als feine oder grobe Raspel.

DAS BRAUCHST DU DAFÜR:

- ☐ 1 Standmixer
- ☐ 1 Schneidebrett
- ☐ 1 Küchenmesser
- ☐ 1 Eisportionierer
- ☐ 1 Messbecher
- ☐ 4 große Gläser (je etwa 250 ml Inhalt)
- ☐ 1 Küchenreibe

ZUTATEN FÜR 4 GLÄSER:

- ☐ 2 Bananen
- ☐ 4 Kugeln Schokoladeneis (etwa 120 g)
- ☐ 600 ml kalte Milch
- ☐ 1 Stück Vollmilch- oder Zartbitterschokolade

TIPP!

Auf die gleiche Weise kannst du auch Fruchtshakes machen, z.B. Erdbeeren mit Erdbeereis und Milch pürieren.

 Leckerei in ungefähr **10 Minuten**

SO HAT'S MIR GESCHMECKT:

Quietschgrüner Smoothie

Könnte sein, dass Grün in Zukunft deine Lieblingsfarbe und Spinat dein Lieblingsgemüse wird. Oder ist das schon so?

SO WIRD'S GEMACHT:

1. Stelle den Standmixer bereit. Achte darauf, dass er richtig zusammengebaut ist und sicher steht (einen Erwachsenen prüfen lassen!).

2. Die Äpfel und die Birnen waschen. Auf dem Schneidebrett mit dem Messer jeweils der Länge nach in Viertel schneiden. Die Kerngehäuse wegschneiden.

3. Apfel- und Birnenviertel in grobe Würfel schneiden. In den Mixbehälter geben.

4. Den Spinat verlesen, das heißt durchsehen und welke, nicht mehr einwandfreie Blätter entfernen.

5. Dann den Spinat und die Minzeblättchen waschen und tropfnass in den Mixbehälter geben.

6. Zitronensaft, Honig, Apfelsaft und kaltes Wasser in den Mixer geben. Den Deckel des Mixbehälters fest verschließen. Die Zutaten auf höchster Stufe etwa 3 Minuten schön cremig pürieren.

7. Zieh den Stecker des Mixers aus der Steckdose und nimm den Mixbehälter ab.

8. Die Eiswürfel in den Smoothie geben. Smoothie etwa 20 Minuten in den Kühlschrank stellen. Dann in die Gläser füllen.

TIPP!

Wenn du Minze nicht magst, lässt du sie einfach weg. Im Sommer kannst du Äpfel und Birnen auch durch Melone ersetzen.

DAS BRAUCHST DU DAFÜR:

- ☐ 1 Standmixer
- ☐ 1 Schneidebrett
- ☐ 1 Küchenmesser
- ☐ 1 Esslöffel
- ☐ 1 Teelöffel
- ☐ 1 Messbecher
- ☐ 4 Gläser
  (je etwa 250 ml Inhalt)

ZUTATEN FÜR 4 GLÄSER:

- ☐ 2 Äpfel
- ☐ 2 Birnen
- ☐ 1 Handvoll junger Spinat
  (Baby-Blattspinat)
- ☐ 5 Minzeblättchen
- ☐ 1 EL Zitronensaft (frisch ge-
  presst oder aus der Flasche)
- ☐ 1 TL Honig
- ☐ 100 ml Apfelsaft
- ☐ 200 ml kaltes Wasser
- ☐ 8 Eiswürfel

 Ist in etwa **25 Minuten**
gemacht und braucht
dann noch etwa
20 Minuten Kühlzeit

SO HAT'S MIR GESCHMECKT:

Schlammbowle

Wenn das Eis schmilzt, muss man echt im Trüben fischen, um die leckeren Früchtchen herauszupicken – deshalb heißt es ja auch Schlammbowle. Cooles Partygetränk!

SO WIRD'S GEMACHT:

1. Frische **Pfirsiche** waschen und auf dem Schneidebrett mit dem Messer rundherum einschneiden.

2. Die Fruchthälften durch Drehen voneinander lösen und den Stein entfernen. Oder die **Dosenpfirsiche** in das Sieb schütten und abtropfen lassen.

3. Die **Pfirsiche** in Stücke schneiden, die sich später gut aufspießen lassen.

4. Die **Himbeeren** abwiegen, in dem Sieb vorsichtig mit Wasser abbrausen (nicht quetschen!) und in eine Schüssel geben. Die **Pfirsichstücke** dazugeben.

5. **Orangensaft**, **Pfirsichsaft** und **Mineralwasser** mit dem Messbecher abmessen und in die Schüssel zu den Früchten gießen.

6. Entscheide selbst, wie du das **Vanilleeis** dazugibst:

   - Du kannst das Eis entweder **in die Schüssel** geben, alles vermischen und dann in Gläser füllen.

   - **Oder** du füllst die Bowle in die **Gläser** und gibst je **1 Eiskugel** hinein.

7. Vergiss nicht, **Cocktailspieße** dazuzulegen, damit man die Früchte herausfischen kann.

DAS BRAUCHST DU DAFÜR:

- [ ] 1 Schneidebrett
- [ ] 1 Küchenmesser
- [ ] 1 Sieb
- [ ] 1 Küchenwaage
- [ ] 1 große Glasschüssel oder eine Bowleschüssel
- [ ] 1 Messbecher
- [ ] 1 Eisportionierer
- [ ] 8 Gläser (je etwa 200 ml Inhalt)
- [ ] 8 Cocktailspieße

ZUTATEN FÜR 8 GLÄSER:

- [ ] 2 frische Pfirsiche oder 1 kleine Dose Pfirsiche (250 g Abtropfgewicht)
- [ ] 150 g Himbeeren
- [ ] 500 ml kalter Orangensaft
- [ ] 500 ml kalter Pfirsichsaft
- [ ] 400 ml kaltes Mineralwasser
- [ ] 8 Kugeln Vanilleeis (etwa 250 g)

Die Schlammbowle ist in ungefähr **15 Minuten** fertig

SO HAT'S MIR GESCHMECKT:

Heut lade ich mir Gäste ein

Es ist Muttertag, Vatertag, Geburtstag oder ein anderer Tag, an dem du deine Familie mal richtig verwöhnen möchtest? Dann lade sie doch zum Essen ein. Das ist eine besonders schöne Art, Danke zu sagen. Vielleicht magst du aber auch einfach mal ohne besonderen Anlass deine Familie oder Freunde bewirten.

Wer Gäste bekommt, muss gut planen. Das Essen soll nicht nur gut schmecken, sondern auch noch besonders präsentiert werden. Dazu gehört auch ein schön gedeckter Tisch. Die nächsten Seiten geben Tipps und Anregungen für Einladungen zu verschiedenen Tageszeiten.

Einladung zum Frühstück

Brot oder Brötchen, Butter, Marmelade, Wurst und Käse. Das sind die einfachsten Zutaten für ein leckeres Frühstück. Für eine Einladung zum Frühstück wirst du vermutlich schon vieles davon zu Hause haben. Mit ein paar Kleinigkeiten kannst du aber aus dem alltäglichen ein ganz besonderes Frühstück machen.

TISCHLEIN DECK DICH

Decke den Tisch mit deinem Lieblingsgeschirr. Vielleicht legst du zur Feier des Tages eine Tischdecke darunter, aber auch Platzsets oder Servietten sehen schön aus.

Die Servietten steckst du vielleicht aufgefächert in ein Glas oder du faltest sie in beliebige Formen und legst sie auf die Teller.

Die Tischdeko wählst du nach Lust und Laune oder Jahreszeit: Blumen in kleinen Vasen, bunte Blätter, Kastanien, ausgeschnittene Herzen oder Sterne, Teelichter und vielleicht ein paar Süßigkeiten wie Gummibärchen oder bunte Schokolinsen.

TISCHKÄRTCHEN BASTELN

Damit jeder seinen Platz findet, kannst du ganz schnell Tischkärtchen basteln:

1. Rechteckigen Bastelkarton oder Karteikärtchen in der Mitte einmal falten, damit man sie gut auf den Tisch stellen kann.

2. Einen Guten-Morgen-Gruß mit Namen daraufschreiben, die Kärtchen noch bemalen oder mit Stickern bekleben.

3. Die Kärtchen zu den Tellern stellen.

DAS AUGE ISST MIT

Aufstriche wie Marmelade und Honig füllst du am besten in **kleine Schälchen**.

Butter wird zum Hingucker, wenn du sie in Scheiben schneidest und dann mit Plätzchenformen ausstichst: Tiere, Herzen, Kleeblätter oder was dir sonst gefällt. **Wichtig:** Die Butter muss zum Ausstechen direkt aus dem Kühlschrank kommen!

Wurst und **Käse** legst du einfach auf schöne Servier-platten oder Teller.

Käse am Stück lässt sich ebenfalls gut ausstechen. Oder du machst **Käsemäuse**: Dafür schneidest du den Käse in spitze Dreiecke, drückst oberhalb der Spitze Pfefferkörner als Augen hinein. Ans Ende steckst du einen Schnittlauchhalm oder einen dünne Streifen Zucchini als Schwanz.

Frischkäse kannst du mit einem Eisportionierer zu Kugeln formen und mit gehackten Kräutern bestreuen.

DIESE REZEPTE PASSEN ZUM FRÜHSTÜCK:

Einladung zum Mittagessen

Am Wochenende oder in den Ferien hast du vielleicht mal Lust, deine Familie oder Freunde mittags zu bewirten. Für die erste Einladung solltest du lieber nur ein einziges Gericht anbieten. Denn: Oft verschätzt man sich in der Zeit, und wenn es hektisch wird, macht es nur halb so viel Spaß. Bist du schon ein wenig geübter, kannst du deine Gäste auch mit Vorspeise, Hauptgericht und Nachtisch verwöhnen. Am besten bereitest du alle Gerichte schon zu, bevor dein Besuch kommt.

ALLES AM RICHTIGEN PLATZ

Weißt du schon, wie du den Tisch richtig deckst?

1. Die Teller in die Mitte vor jeden Sitzplatz stellen.

2. Das Messer rechts neben den Teller legen, die Gabel links. Gibt es Suppe, den Löffel rechts neben das Messer legen. Die kleine Gabel oder der kleine Löffel für den Nachtisch liegt mittig am oberen Rand des Tellers.

3. Die gefaltete Serviette links neben den Teller unter die Gabel oder auf den Teller legen.

4. Die Gläser stehen immer leicht versetzt rechts oberhalb des Tellers.

Vorspeise:
Grissini-Fackeln

Hauptgericht
bunter Nudelsalat

Waffelzüge

WICHTIG: GUTE VORBEREITUNG

Im Kasten (rechts) findest du Vorschläge für ein Drei-Gänge-Menü. Wähle Vorspeise, Hauptgericht und Nachtisch nach deinem Geschmack aus und plane:

1. Schreib dir eine Liste mit allen Zutaten, die du dafür brauchst, und prüfe, was schon da ist.

2. Schreib dir für Zutaten, die du noch besorgen musst, einen Einkaufszettel und überlege, wie viel Zeit du zum Zubereiten benötigst.

3. Überlege, wie du den Tisch decken möchtest und welche Getränke du anbietest.

4. Wenn du Lust hast, schreib das Menü auf Papier oder eine Karte. Mit dieser Menükarte, die du noch nach eigenem Geschmack verzieren kannst, wissen die Gäste gleich, worauf sie sich freuen können.

DIESE REZEPTE PASSEN ZUM MITTAGESSEN:

... ALS VORSPEISE

... ALS HAUPTGERICHT

... ALS NACHTISCH

Einladung zum Abendbrot

Ähnlich wie zum Frühstück kann man auch zum Abendbrot kurzfristig einladen. Brot, Butter, Wurst und Käse sind meist im Vorrat zu finden. Vielleicht hast du Lust, etwas Abwechslung auf den Abendbrottisch zu bringen? Dann findest du im Kasten (rechts) eine Auswahl passender Rezepte aus diesem Buch.

WURST UND KÄSE SCHÖN ANRICHTEN

Auch wenn du dich für ein typisches Abendessen entscheidest, kannst du es schön herrichten. Zum Beispiel, indem du Wurst und Käse dekorativ auf Platten anrichtest:

+ Die Wurstscheiben dafür fächerförmig auf eine Platte legen. Wer mag, klappt die Scheiben vorher einmal zur Hälfte zusammen oder rollt sie locker auf.
+ Runder Käse am Stück sieht aus wie eine Blüte, wenn du ihn in 6 Dreiecke schneidest, etwas auseinanderrückst und dann in die Mitte eine Mini-Cocktailtomate setzt.

+ Lustig sind kleine Radieschenmäuse auf einem Löcherkäse: Dafür schneidest du Radieschen in Scheiben und steckst diese Scheiben als Ohren in ein ganzes Radieschen – vorher musst du dafür mit einem Messer kleine Schnitte in das Radieschen einritzen. Als Augen drückst du Pfefferkörner in die Radieschen und der kleine Faden, den Radieschen haben, ist der Mäuseschwanz.

SERVIETTENRINGE SELBST BASTELN

Serviettenringe sind Hingucker und du kannst sie leicht selbst machen:

1. Bitte deine Eltern, leere Papprollen von Küchenpapier für dich aufzubewahren. Schneide sie in etwa 4 cm lange Stücke. Wenn die Pappe sehr fest ist, bitte deine Eltern, sie mit einem Cutter durchzuschneiden!

2. Die Ringe nach Herzenslust verzieren: Beklebe sie zum Beispiel mit Geschenkpapier oder mit bunten Klebebändern. Klebe dann noch gemalte und ausgeschnittene Figuren oder Sticker darauf.

DIESE REZEPTE PASSEN ZUM ABENDESSEN:

Einladung zu Keks und Kuchen

Hier kommen Süßschnäbel auf ihre Kosten: Tisch schön decken,
Kekse auf den Tisch und Milch oder Kakao dazu – das ist die Blitzversion
für eine Nachmittagseinladung. Du kannst deine Gäste aber auch mit Kuchen,
Törtchen, Waffeln oder Cakepops überraschen. Dazu gibt es selbst gemachte
Limo oder einen Schoko-Shake – wie köstlich!

DIE PASSENDE TISCHDEKO

Für eine Nachmittagseinladung brauchst du
nicht viel, um den Tisch zu decken:

+ Wenn du magst, legst du eine **Tischdecke**
  auf den Tisch.
+ Decke den Tisch mit deinem **Lieblingsgeschirr** ein.
+ Je nach Jahreszeit kannst du kleine
  Wiesenblumen pflücken und die Blumen-
  köpfe auf dem Tisch verteilen.

EIN SÜSSER GRUSS

Zur kalten Jahreszeit kannst du jedem Gast
ein eingepacktes **Schokoladenherz** oder andere Süßigkeiten auf seinen Platz legen. Du
kannst auch ein kleines Schälchen mit **Pralinen** auf den Tisch stellen. Oder die Schlecker-
mäulchen-Kugeln von Seite 40. Die sind in
den bunten Pralinenförmchen besonders dekorativ und machen richtig Eindruck.

SERVIETTEN FALTEN LEICHT GEMACHT

Auch bei einer Nachmittagseinladung gehören Servietten auf den Tisch. Es gibt unendlich viele Möglichkeiten, sie schön in Form zu bringen. Ganz einfach zu falten, aber dennoch sehr dekorativ, ist ein Serviettenfächer:

1. Eine Papierserviette ausgebreitet vor dich hinlegen. Den unteren Teil der Serviette etwa 2 cm nach oben umschlagen und die Falte etwas glatt streichen.

2. Drehe die Serviette mit beiden Händen um, sodass der umschlagene Teil nach unten liegt.

3. Jetzt klappst du den umgeschlagenen Teil nach oben, und zwar genauso breit wie die Falte davor. Den Vorgang so lange wiederholen, bis die Serviette vollständig wie eine Ziehharmonika gefaltet ist.

4. Zuletzt klappst du die gefaltete Serviette in der Mitte zusammen und klemmst das geschlossene Ende mit einer Büroklammer fest. Oder du steckst das Ende in die Zacken der Kuchengabel. Wenn du die Serviette jetzt loslässt, faltet sie sich zu einem Fächer auseinander.

DIESE REZEPTE PASSEN ZUR KUCHEN–EINLADUNG:

Einladung zum Picknick

Draußen und bei Sonnenschein ist ein Picknick am schönsten – logo. Spaß macht es aber überall und bei jedem Wetter. Zum Beispiel im Winter, wenn es draußen kalt ist: im Wohnzimmer vor der Heizung. Für ein Drinnen-Picknick braucht ihr nur eine Decke, für ein Picknick im Freien gibt es etwas mehr vorzubereiten.

SICHER EINGEPACKT UND TRANSPORTIERT

Weil alles transportiert werden muss, ist es wichtig, dass du die Lebensmittel gut einpackst:

+ Fest verschließbare **Brotzeitdosen** oder **Schüsseln mit Deckel** sind ideal für deine Leckereien.
+ Salate oder Nachspeisen können auch gut in **Vorratsgläsern mit Schraubdeckel** mitgenommen werden.
+ Selbst gemixte Getränke kommen in **Flaschen mit Schraubverschluss** oder **mit Bügelverschluss**. Der ploppt so schön beim Öffnen.
+ Damit bei hohen Sommertemperaturen nichts verdirbt, packst du das Essen in eine **Kühltasche**.

+ Getränke bleiben kühl, wenn du kurz vor dem Transport **Eiswürfel** in die Flaschen gibst. In Mineralwasser sehen Früchte-Eiswürfel gut aus: dafür am Tag zuvor klein geschnittene Früchte in Eiswürfelbehälter geben, mit Wasser auffüllen und einfrieren.

DIE GRUNDAUSSTATTUNG

Neben einer **Picknickdecke** – je nach Anzahl der Gäste brauchst du vielleicht sogar eine zweite – brauchst du große **Körbe**, **Trinkbecher**, robustes **Geschirr**, am besten aus Plastik, **Besteck** und eine **Kühltasche**.

Servietten und eine **Küchenrolle** (falls mal was danebengeht) sind hilfreich. Ein **Müllsack** ist praktisch, denn nicht überall sind Mülleimer aufgestellt.

Vielleicht packst du auch ein paar **Spiele** ein.

UND WAS GIBT'S ZU ESSEN?

Für ein spontanes Picknick brauchst du nur etwas frisches **Brot**, **Käse** und **Wurst**, dazu noch ein paar **Tomaten** oder **Gurkenscheiben** und ein Erfrischungsgetränk.

Viel leckerer ist es aber, wenn du **Salate**, **Wraps** und **Spieße** vorbereitest. Und noch was **Süßes** und selbst gemixte **Getränke** mitnimmst. Rezepte zur Auswahl gibt es in diesem Buch genug.

DIESE REZEPTE PASSEN ZUM PICKNICK:

Winter

Gemüse:
Chicorée,
Chinakohl,
Feldsalat,
Knollensellerie,
Kürbis, Möhren,
Lauch, Rettich,
Rotkohl,
Weißkohl

Obst:
Äpfel,
Avocado,
Bananen,
Birnen, Kiwis,
Mangos,
Orangen,
Zitronen

Möhren

Lauch

Äpfel und Birnen

Orange

Feldsalat

Kiwi

Banane

Avocado

Rotkohl

Mango

Chinakohl

Kürbis

Frühling

Gemüse:
Erbsen, Feldsalat,
Kopfsalat,
Möhren, Radieschen,
Rucola,
Spargel, Spinat

Obst: Ananas, Avocado,
Bananen, Erdbeeren,
Grapefruit, Kiwis,
Mangos, Orangen, Zitronen

Rucola

Radieschen

Erbsen

Spinat

Spargel

Erdbeeren

Ananas

Paprika

Zucchini

Paprika

Beeren

Radieschen

Tomaten

Erbsen

Avocado

Sommer

Gemüse:
Auberginen, Kopfslalat,
Bohnen, Brokkoli,
Erbsen, Gurken, Kohlrabi,
Möhren, Paprikaschoten,
Radieschen, Rucola, Spinat,
Stangensellerie, Tomaten,
Zucchini

Obst:
Aprikosen, Avocado, Bananen,
Brombeeren, Erdbeeren,
Himbeeren, Heidelbeeren,
Kirschen, Mangos, Melonen,
Nektarinen, Pfirsiche,
Zitronen, Zwetschgen

Bohnen

Kürbis

Auberginen

Zwetschgen

Herbst

Gemüse:
Blumenkohl, Brokkoli,
Chinakohl, Feldsalat,
Knollensellerie, Kohlrabi, Kürbis,
Möhren, Lauch, Rotkohl,
Spinat, Spitzkohl, Weißkohl

Birnen

Feldsalat

Weintrauben

Obst:
Äpfel, Bananen,
Birnen, Grapefruit, Kiwis,
Mangos, Orangen,
Weintrauben, Zitronen,
Zwetschgen

Äpfel

Weißkohl

Orangen

Auberginen

Spinat

Kiwi

REGISTER NACH SEITENZAHLEN

REGISTER NACH SEITENZAHLEN

Danke!

Beraten, probieren, mitdenken – dabei ist mir bei jedem Buch meine Familie eine liebevolle Hilfe. Mit Projektleiterin Alexandra Gudzent war die Zusammenarbeit konstruktiv und wunderbar unkompliziert. Ebenso mit meiner Lektorin Karin Kerber. Katja Graumann hat wieder für wunderbare Requisiten gesorgt, Foodstylistin Susanne Walter und meine Lieblingsfotografin Julia Hoersch setzten die Rezepte wunderbar in Szene und Grafikerin Irene Schulz wertete die Seiten durch ihre liebevolle Gestaltung auf. Euch allen ein herzliches Dankeschön. Ihr seid spitze! Ganz besonders möchte ich mich bei den fleißigen Küchenhelfern im Fotostudio, Adele, Lina, Salome, Raphael und Malka, bedanken. Euch beim Schnipseln, Rühren und Probieren zuzusehen, macht einfach Spaß!

ZUR AUTORIN

Als freiberufliche Journalistin und Autorin
mit dem Schwerpunkt Ernährung, Essen
und Trinken arbeitet Christiane Kührt für
Zeitschriften, Agenturen und Verlage. Sie
liebt Familie, entdeckt die Welt gerne
durch Reisen, kocht und backt leiden-
schaftlich und genießt am liebsten mit
allen Sinnen – möglichst in netter Gesellschaft. Ihre beiden Kinder standen mit ihr
von klein auf in der Küche und machen ihr
heute manchmal beim Kochen Konkur-
renz. Sie ist überzeugt: Wer Kinder von
klein auf mit natürlichen Lebensmitteln
vertraut macht, braucht sich keine Sorgen
um ihre Ernährung zu machen.

Weitere Bücher der Autorin:

→ Die Schule der magischen Tiere – Das
  Kochbuch
→ Die Schule der magischen Tiere – Das
  Backbuch
→ Yummy! Ganz easy Pause
→ Yummy! Backen
→ Yummy! Ganz easy Kindergeburtstag

IMPRESSUM

Hinter jedem tollen Buch steckt ein starkes Team

Projektleitung: *Alexandra Gudzent*
Rezepte & Texte: *Christiane Kührt*
Lektorat: *Karin Kerber*
Grafisches Konzept: *Irene Schulz, Agentur 3kreativ*
Grafische Gestaltung & Satz: *Irene Schulz*
Illustrationen: *Irene Schulz*
Fotografie: *Julia Hoersch*
Foodstyling: *Susanne Walter*
Herstellung: *Frank Jansen*
Producing: *Jan Russok*
Druck & Bindung: *optimal media GmbH, Röbel*

3. Auflage 2023
© 2020 Edel Verlagsgruppe GmbH
Kaiserstraße 14 b
D–80801 München
ISBN: 978-3-96584-029-4

FOOD FOTOS

Im Buch enthaltene Fotos können zur eigenen Nutzung erworben
werden unter *www.stockfood.de*

LIEBE LESERINNEN, LIEBE LESER,

wie schön, dass Sie ein Buch von ZS in den Händen halten. „Jetzt leben!" ist das Motto unseres Verlages. Es steht für Genuss und Inspiration, Unterstützung und Motivation. Ob Kulinarik oder Fitness, Gesundheit oder Lebenshilfe — seit über 30 Jahren bieten wir kompetente Ratgeber für (fast) alle Lebenslagen. Wir lieben Tradition genauso wie Innovation — sie treiben uns an. Unsere Autorinnen und Autoren sind Menschen, die zu ihrem Thema wirklich etwas zu sagen und zu schreiben haben. Unsere Produkte sind erzählerisch, appetitmachend und als gedruckte Bücher haptisch echte Erlebnisse. Für Sie mit ganz viel Liebe gemacht! Entdecken Sie mehr aus unserer wunderbaren Welt!

UNSER VERLAGSHAUS

Mit Standorten in Hamburg und München zählt die Edel Verlagsgruppe zu den größten unabhängigen Buchanbietern Deutschlands. Zur Gruppe gehören die Verlage Dr. Oetker Verlag, Edel Sports, KARIBU und ZS.

ZS – Ein Verlag der Edel Verlagsgruppe
www.zsverlag.de
www.facebook.com/zsverlag
www.instagram.com/zsverlag

FÜR DIE UMWELT

ZS unterstützt bei der Produktion dieses Buches das Projekt „Junge Riesen für die nächsten 100 Jahre" im Naturpark Nossentiner/Schwinzer Heide. Damit wird ein Anteil der unvermeidbaren CO_2-Emissionen im direkten Umfeld des Produktionsstandortes kompensiert.

PARTNER
Naturpark
Nossentiner/Schwinzer Heide
www.optimal-media.com/naturschutzprojekt-001

NEWSLETTER

Was koche ich heute Feines? Und wie geht das — schmackhaft und gesund?

Melden Sie sich jetzt zum ZS-Genuss-Service an und verpassen Sie keine kulinarischen und gesundheitlichen Trends mehr.
Wir informieren Sie regelmäßig über unsere Neuerscheinungen, Aktionen oder Gewinnspiele und verraten Ihnen unsere Lieblingsrezepte!

 GEWINNEN

Unter allen Neuabonnierenden verlosen wir jeden Monat eine *ZS-Genuss-Box* im Wert von 75,00 €.

Jetzt anmelden unter:
www.zsverlag.de/newsletter

oder den QR Code scannen:

 ANMELDEN!

MENGENTABELLEN

Messbecher und Waage sind wichtige Küchenhelfer. Für kleine Mengen reicht aber oft ein Löffel zum Abmessen. Die Tabelle zeigt dir, wie viel von einem Lebensmittel auf einen Esslöffel oder Teelöffel passen.

Löffelmengen (pro gestr. Löffel)

Lebensmittel	EL	TL	Lebensmittel	EL	TL
Flüssigkeit	12 ml	5 ml	Mehl (Type 405)	7 g	3 g
Backpulver	9 g	3 g	Paprikapulver	6 g	2 g
Butter	10 g	4 g	Puderzucker	4 g	3 g
Crème fraîche	10 g	5 g	Reis	10 g	5 g
Gelatine, gemahlen	8 g	3 g	Salatmayonnaise	10 g	5 g
Grieß	8 g	3 g	Salz	13 g	5 g
Haferflocken	7 g	2 g	Sahne (30% F.)	10 g	5 g
Haselnusskerne, gemahlen	5 g	2 g	Saure Sahne (10% F.)	10 g	6 g
Honig	15 g	6 g	Semmelbrösel	6 g	3 g
Joghurt (3,5% F.)	10 g	6 g	Senf	10 g	3 g
Käse, gerieben	5 g	3 g	Speiseöl	10 g	4 g
Kakaopulver	5 g	2 g	Speisestärke	7 g	3 g
Mandeln, gemahlen	5 g	3 g	Tomatenketchup	12 g	5 g
Margarine	10 g	4 g	Tomatenmark	12 g	5 g
			Zucker	10 g	5 g

Flüssigkeitsmengen

Menge	ist gleich …	Menge	ist gleich …
1 l	1000 ml	⅛ l	125 ml
¾ l	750 ml	8 EL	100 ml
½ l	500 ml	1 EL	12 ml
¼ l	250 ml	1 cl	10 ml